文章予測

読解力の鍛え方

石黒 圭

角川文庫
20558

文章予測　読解力の鍛え方　目次

第三章　問いの予測とは？　69

第四章　答えの予測とは？　105

第五章　予測の表現効果とは？　139

はじめに

予測って何だろう。そう感じつつ、本書を手に取られた方は多いでしょう。私は文章理解における予測の機能を研究しています。しかし、「予測って、これから出てくることを予想することでしょう？　でも、実際に文章を読んでいても、つぎの展開の予想なんて、なかなか当たりませんよ。」そう答える人もいるでしょう。「私自身は文章を読むとき、予測しているという意識はありません。」そう断言される人もいるかもしれません。じつは、そうした批判はけっして根拠のないものではありません。それでも、私は読み手が文章を理解するとき予測をしていると考えています。

では、どうしてそのような認識の食い違いが起きるのでしょうか。おそらくそうした方の予測のイメージと、私の考える予測のイメージが違うのです。一例を挙げてみましょう。ためしに、次ページの文のあとにどんな文が続くか想像してください。

歩道を自転車で走っていたら、道ばたの草むらから突然白いものが飛びだし、目のまえを横切り、野菜畑のほうに走っていった。

どんな文が想像できましたか。多くの人は、白いものが何であるかを説明する文がくると考えたのではないでしょうか。以前似たような文で調査をしたことがあるのですが、そのときの一番人気はウサギで、以下、ネコ、イヌ、ネズミの順でした。かりに原文がネズミだった場合、「ほら、やっぱり予測なんてそうそう当たらないじゃないですか」といえそうです。

反対に、「想像してくださいと言われたから想像しただけであって、実際に読んでいるときは、白いものは、白い色をした動物としか考えていない。それは直後の文を読んで確認するしかないわけで、だから私は予測なんかしていません」ともいえそうです。つまり、いずれの場合も、具体的な内容を想起することが予測だと考えているわけです。

ところが、私は、ウサギ、ネコ、イヌ、ネズミなどを具体的に想起するのではなく、「白い色をした動物はいったい何なんだろう？」という気持ちでつぎの文を読むことを典型的な予測と考えています。つまり、一つに決まるのが予測ではなく、「白い色をした動物についての説明がくる」というように、**あとに続く展開の幅を限定するのが予測だと考えているのです。**ボウリングにたとえると、ストライクを目指すのが予測ではなく、ガーターをなくすのが予測です。ボウリング場で子どもがボールを投げるとき、ガーターの溝に入らないように、ついたてのようなものを立てるあのイメージです。こうして考えると、予測というのがずいぶん緩やかで柔軟なものに思えてくるでしょう。事実、そうなのです。

もし予測がなかったらどうなるでしょう。文章理解がとてもしんどくなるはずです。**予測があることで、後続文脈の候補が絞られ、無駄な処理をしなくて済むようになり、文章理解の経済効率が格段に上がります。**

英語の長文読解で、何の話かがわかったとたん、今まで見えなかった文章がつながって見えることがあります。どうしてそんなことが起きるかというと、一つ一つの文を中心的な話題に関連づけて読めるようになることで理解の幅が限定され、文どうしが有機的につながりだすからです。

予測でも、じつは似たようなことが起きています。一つ一つの文をゼロから理解するのではなく、**つぎはこんな展開になるのではないかという想定に基づき、つぎ**

の文に入ることで、流れに乗って読めるようになるのです。

本書では、豊富な具体例をとおして予測の威力を体感してもらうことを目的としています。読み上手、さらには書き上手になる一つのきっかけとして、読者のみなさんが予測を活用してくださるようになることを心から願っています。

文庫版はしがき

読書とは、何でしょうか。それは、書かれた文章の内容を把握する地道な営みだと考えられがちです。つまり、本の一ページ、一ページにぴっしり印刷された文字列を、頭から順に追いかけながら、ひたすら意味に変換していく営みが読書だということです。もちろん、それは正しいのですが、しかし、物足りません。

私が考える読書とは、書かれた文章の内容を把握するなかで起きる筆者との対話です。文章の背後に透けて見える筆者と出会い、ときには共感し、ときには納得し、ときには反発するのが読書の醍醐味です。

私は言語学者の端くれですが、言語学者の仕事に不満を抱くことがあります。それは、彼らが言語という記号ばかり見ていて、その背後にある人間の存在を軽視する傾向があるからです。

本書は文章理解を言語学的に考える本ですが、人間不在の言語学ではありません。なぜなら、予測という読み手の先を読む行為に光を当てているからです。「次に何が続くのか」を読み手に意識させる諸要素が文章に埋めこまれていることがわかれば、読書という行為が、文字列をひたすら追いかけるという無味乾燥な営みから、書き手との対話という人間らしい営みへと変わることでしょう。

読書において対話を仕掛けてくるのは、筆者のがわです。優れた筆者は、読者がテキストと対話ができるような仕掛けを、文章のなかに巧妙に埋めこんできます。だからこそ、そうして書かれた文章を目で追う読者は、文章を読む過程で自然と筆者との対話に引きずりこまれていくのです。

学者芸人として、また辞書研究者として有名なサンキュータツオ氏の著作に『ヘンな論文』（KADOKAWA）があります。社会的には役に立たない、でも、研究への一途な思いに心打たれる論文をおもしろく紹介する、研究愛にあふれた本です。ここでは、その続編『もっとヘンな論文』で最初に取りあげられた「プロ野球選手と結婚する方法」の章を見てみることにしましょう。

この章は「卒論の良作発見！」という見出しで始まります。

最初に紹介するのはネットでも話題になった論文「プロ野球選手と結婚するための方法論に関する研究」だ。そのタイトルからもうかがえるスキャンダラスな内容、そんなことが研究になるのかというテーマ設定、たしかに論文になじみのない人が騒ぐのも無理はない。しかもこの論文を書いたのは大学4年生の女性で、卒業論文として書かれたものなのである。

この書き出しを見るだけでも、「どんな論文なんだろう」と続きを読んでみたくなってしまいます。プロ野球選手と結婚する方法という興味深いテーマについて書かれた卒業論文が存在し、しかし、その中身についてこの時点では隠されているからです。この書き出しを見た瞬間からすでに筆者と読者の対話が始まっています。

つぎに、二番目の見出し「論文執筆の動機とは」に続く部分を読んでみましょう。

冒頭に書いてある主旨がすごい。

「本研究は、プロ野球選手に憧れを抱く20代を中心とする女性の手助けとなるよう、プロ野球選手と結婚するための方法論を策定することを目的とし、調査を行った。」

ここまではっきり宣言されると気持ちいい。もはやツッコむ気力すらなくなるではないか。俄然《がぜん》興味津々である。

ここでさらに筆者にあおられ、読者の読んでみたい気持ちがMAXに達します。「主旨がすごい」「宣言されると気持ちいい」「興味津々である」とたたみかけられるからです。どうすればプロ野球選手と結婚できるのか、20代の女性だけでなく、40代のおじさんである私も、やじうま的好奇心に満たされてしまうところです。

三番目の見出し「結婚相手はどんな人か」は、次のように始まります。

まず、この論文の筆者が考えたのは、結婚相手の属性分析である。「アナウンサー以外でプロ野球選手と結婚するのはどのような女性なのか。また、一般人の女性（アナウンサーを除く）はどのような手段でプロ野球選手と知り合うことが出来るのであろうか。」と、とにかく女性アナウンサーを別枠で考えることにして、それ以外のカップルがどのように成立しているのかをちゃんと考えるぞ、というものである。

プロ野球選手と結婚するためには、まずどんな人がプロ野球選手と結婚できているのかを調べるところから始まると述べられます。「結婚相手の属性分析」について、「女性アナウンサーを別枠で考えることにして、それ以外のカップルがどのように成立しているのかをちゃんと考えるぞ」とわかりやすく言い直してくれているところも好印象です。ここで読者の関心が絞られ、「結婚相手がどんな人か」に向き、次にその答えを期待します。

ところが、四番目の見出し「周辺のデータからわかること」では、タツオ氏はちょっと寄り道をします。ここからは、予測を強く働かせる文に傍線を付すことにしますので、その文を中心に眺めてください。

ちょっとその前に、論文の筆者は職業だけでなく、年齢、知り合ったキッカケ、出身地、これらのデータをわかる範囲で集め分析をした。

まず私が知りたいのは、「知り合ったキッカケ」である。（中略）

この論文の調査によって、プロ野球選手と結婚した女性たちが、彼らと知り合ったキッカケでもっとも多かったのは、なんと！

「知人の紹介」

いや、知人いねーよ。その知人がどこにいるのか教えてほしい。その「知人との知り合い方」のデータがほしい。合コンとかに呼ばれるってことなんだろうか。いわゆる「プロ彼女」ってやつなのか？

じゃあ出身地はどこか。プロ野球選手と結婚する女性にはこの県！　みたいなのはあるのだろうか。

出身地に関しては、「それぞれの球団のある地方都市が多い」。〔中略〕

結婚したときの年齢はどうだろう。

「平均25・2歳」

早い！　となると、高校を卒業して、大学に行ったり働いたりして、付き合って2年くらいで結婚するとして、かなり早い段階で結論出しているんだなあ。

〔後略〕

寄り道にもしっかり予測の技法は使われています。「知り合ったキッカケ」は何だろう、「出身地」はどこだろう、結婚する「年齢」はいくつぐらいだろう。一つ一つの疑問を提示する傍線部の文で、読者がその答えを予測するタメを十分に作り、そのあとで答えを開示していることがわかります。

五番目の見出し「さて、その職業は？」のところで、「結婚相手はどんな人か」の本題に戻ってきます。この章のクライマックスです。

では、どんな職業につけばいいのか。そろそろ答え合わせをしたい。アナウンサーが結婚しているイメージがあるが、実は一番野球選手と結婚しているのは、

「家事手伝い」なのだそうだ。

家事手伝い⁉ え、働いてないの⁉ どういうことなの⁉ なんと約半数になる、47％が「家事手伝い」だそうなのである。

実はこれには裏がある。ニートやフリーターというわけではないのだ。この「家事手伝い」というのは、ほとんどが「水商売関係者」、つまりスナック、キャバクラ、クラブのお嬢様たちなのであった。

なるほどなるほど。読めてきた。つまりこういうことだ。

野球選手は年中いろんな地方で仕事がある。どこかで偶然に出会って、会う約束をして、どういう人かをしっかり見極めながら少しずつお互いを知っていく時間などはあまりない。腰をすえて付き合ったりすることが難しい。そんな彼らの息つく場所は、各球団のフランチャイズの街にある、球団や選手御用達のお店である。そういうところで常連のホステスさんがいて、最初はなんとも

思っていなかったけど、行けばそこにいる。人柄もなんとなくわかってくる。素人相手だとこのネット時代、なにをいい出すかわからない。そうか、プロ根性のある口の硬いこのホステスなら……となって、付き合う、結婚する、というパターンが多いのだ。

となると、「知り合い」というのは合コンとかもあるかもしれないが、お店の先輩ホステスであったり、常連の野球選手だったりということなのだろう。先輩は先輩でそこで奥さん見つけた的な選手だったり。

つまりプロ野球選手と結婚したかったら、その球団の選手がよく来る水商売のお店のホステスとして潜入する、というのがもっとも打率のいいコースだということになる。

ここでいよいよ核心に迫っていきます。特徴的なのは三段階の予測文です。

第一段階の予測文「では、どんな職業につけばいいのか。そろそろ答え合わせをしたい。」で、読者は答えが示されることを期待します。しかし、明かされるのは「家事手伝い」。読者は肩すかしを食わされます。

第二段階の予測文「実はこれには裏がある。ニートやフリーターというわけではないのだ。」で肩すかしを立て直し、「家事手伝い」の内実が明かされることが予告されます。そして、その直後の「この『家事手伝い』というのは、ほとんどが『水商売関係者』、つまりスナック、キャバクラ、クラブのお嬢様たちなのであった。」で、その実態が明らかにされるという段取りを踏んでいます。読者の好奇心をそそるこのあたりの緩急は絶妙です。

第三段階の予測文「なるほどなるほど。読めてきた。つまりこういうことだ。」では、タツオ氏の詳しい解説が期待できそうです。その期待は裏切られることはなく、質・量ともに十分なわかりやすい解説で納得のいく解答が示されます。

この章で示された謎「プロ野球選手と結婚する方法」にたいする結論がここで明かされたわけですが、この文章は、結論が明らかになったあとも続き、六番目の見出し「女子アナになれば良いのではないか」では、

ではアナウンサーはどうだろう。女子アナウンサーは、野球の中継レポーターなどを任されることもあって、ルールにもそこそこ精通しているし、よく顔を合わせるので、お店に行かなくても出会える存在として、野球選手の前に現れることができるではないか。これほどの研究をできる才女である。なんとか

女子アナになる方法を策定したほうが早いのではないか。

という新たな問いが示されるものの、女子アナになる確率の低さが語られて希望は失望へと変わり、七番目の見出し「研究の意味」では、

この論文、日本の結婚の実態と照らし合わせて論じられているので、実は「女性の結婚」という深いテーマが見え隠れする、考えさせられるものになっている。

という社会的な背景をめぐる問いが投げかけられると、

というのも、さきほどの「知人の紹介」にしても、結局結婚した選手の奥さんの知り合い、とかから広がっていくパターンとして、67・7%にもなっているのだが、これも日本全体で考えた場合の「結婚相手との知り合い方」としては約20～30%の知り合い方なので、プロ野球選手の結婚の仕方というのが、ものすごく特殊な結婚パターンというのが浮かび上がってくるのである。

という興味深い新たな事実が示され、さらに最終の八番目の見出し「姉さん女房説、浮上」では、

この研究の副産物とでもいうべき興味深い数字が、論文には紹介されている。25歳で結婚なんて早すぎる、と思ったオーバー25歳の人でも、一縷《いちる》の望みがありそうな数字。「年上率」という数字である。

と始まり、妙齢の女性に期待を抱かせる内容が補足的に示されます。

ここまで見てくればおわかりのように、読書の楽しみは、次に何が続くかをワクワクしながら待つところにあります。タツオ氏が「では、どんな職業につけばいいのか。そろそろ答え合わせをしたい。」と的確に述べているように、文章を読むという不思議な営みの秘密は、筆者と読者の「答え合わせ」にあるのかもしれません。筆者が投げかけた問いを読者が考え、それにたいする答えを筆者が示し、読者がその答えを見ながらさらに深く考える。ここに文章理解が対話だとする理由があります。

読者の答えが筆者の答えと合えば共感し、合わなければ反発するかもしれません。予想外の答えが示されれば驚き、説得力のある答えが示されれば納得するでしょう。対話とは、価値観の異なるものどうしが出会い、そこで交わされる議論をとおして切磋琢磨《せっさたくま》する場です。読書はまさに、筆者という未知の他者との出会いの場であり、読者は予測という謎解きをとおして筆者との対話を楽しむのです。

優れた文章には、予測という手段を使って対話に引きこむ強い力があります。『もっとヘンな論文』のように、対話的側面が前面に出た文章もあるでしょうし、一見対話が表に出ない、隠れた対話性を持つ文章もあるでしょう。本書では、そうしたさまざまなジャンルの文章にたいして予測という物差しを当てていくことで、文章の背後に見え隠れする筆者との対話を高い次元から鑑賞し、読書の醍醐味を味わっていただくことを目的としています。

それでは、これからみなさまを文章予測の世界にご案内しましょう。

第一章　文章理解とは？

頭のなかの理解の姿

私たちが日本語で書かれた文章を読めば、それが難しいものでないかぎり、そこに何が書かれているのか、その内容を理解できます。しかし、内容を理解するとき、自分の頭のなかで何が起こっているかまで理解している人はほとんどいないでしょう。

そのことを確かめるために、二つの実験をします。実験といっても、文章を読みながら自分の頭のなかで起こっていることを観察するだけです。簡単なテストをやってみるつもりで取り組んでみてください。

一つ目の実験では、私たちが頭のなかで**文章を映像として理解しているか、概念として理解しているか**を確かめます。つぎの文を読んで、その内容を理解してください。

窓の外では雪がしんしんと降っている。

この文を見て、どのように理解しましたか。戸外で音もなく降りつもっていく雪のイメージを頭のなかに思い浮かべられたのではないでしょうか。ところが、つぎの文はどうでしょうか。

雪の元素はH_2Oである。

もちろん理解できたと思いますが、理解の仕方はまったく違っていたでしょう。この文を読んでも、頭のなかに具体的なイメージは思い浮かびません。雪は溶けると水になり、水の分子は水素原子二つと酸素原子一つからできている。だから、たしかに雪の元素はH_2Oになる、と考えたのではないでしょうか。これは、映像に頼らない論理的な理解です。

「雪がしんしんと降っている」というのは、私たちの体験から映像を再現することができる経験世界の言葉です。それにたいし、「雪の元素はH_2Oである」というのは、肉眼で見ることができない論理世界の言葉です。

一方、つぎの文はどうでしょうか。

雪は大学入試センター試験の日によく降る。

この文は人によって理解の仕方が異なるでしょう。ある人は、雪が降りしきるなかを受験会場に向かう、受験生の姿を思い浮かべるでしょうし、別の人は、映像を思い浮かべず、センター試験が例年おこなわれる一月中旬は一年でいちばん寒い時期なので、たしかに雪が降る確率が高いという知識として理解するでしょう。

頭のなかを観察してわかることは、私たちは、文章の内容を具体的な体験に結びつけて映像として理解する場合と、抽象的な知識と結びつけて概念として理解する場合があり、それは、文章に盛りこまれている内容や、理解する人の好みによって影響を受けるということです。

音に頼るか文字に頼るか

二つ目の実験では、文章を音で理解しているか、文字で理解しているかを確かめてみましょう。つぎの文を読んでみてください。

十日町《とおかまち》は、雪国・新潟のなかでも有数の豪雪地帯なので、冬に車で当地を訪れるさいには、吹雪や雪崩に十分な注意が必要です。

ここでは、「雪」のつく言葉、「雪国」「豪雪」「吹雪」「雪崩」に注目してみましょう。それぞれ音読すると、「ゆきぐに」「ごうせつ」「ふぶき」「なだれ」となります。このいずれも、音で理解していると考えられる語です。「せっこく」「ごうゆき」「すいせつ」「せつほう」と読み間違えたら、理解が難しくなるでしょう。

おそらく「雪国」は一目で理解できたでしょうが、きっと「豪雪」「吹雪」「雪崩」は、立ち止まって読み方を考えたり、自分の読み方が正しいかどうか確認したりしただろうと思います。つまり、理解のために頭のなかの音を頼りにしたわけです。

カタカナは外来語を表す文字と考えている人もいると思いますが、外来語ではないのに、「メドが立つ」「カンが働く」「タガがはずれる」「タチが悪い」「コツをつかむ」などと書くケースが最近増えています。「メド」「カン」「タガ」「タチ」「コッ」は、「目処」「勘」「箍」「質」「骨」と漢字で書いても、理解の助けにならないどころか、かえって妨げになる場合もあるからです。このように、音から理解している言葉は、書き手は外来語でなくてもカタカナ書きにし、理解が易しくなるように工夫しています。

一方、つぎの文はどうでしょうか。

一面に広がる雪原で、雪駄をはいた雪眉の老人が雪塊のうえにひとり腰を下していた。

同じように「雪」のつく言葉に注目すると、「雪原」は「せつげん」、「雪駄」は「せった」、「雪眉」は「せつび」、「雪塊」は「せっかい」になります。しかし、これらは少々読めなくても意味は理解できるため、頭のなかであえて音にしなかった人も多かったのではないでしょうか。また、「ゆきはら」「ゆきた」「ゆきまゆ」「ゆきかたまり」と間違って読んでも意味はわかるので、誤った読み方と知りつつ、その読みで押しとおした人もいるかもしれません。「雪原」は「雪の野原」、「雪駄」は「雪の下駄《げた》」、「雪眉」は「雪のような白い眉《まゆ》」、「雪塊」は「雪の塊」という漢字のイメージで理解できるからです。これらは、音がはっきりしなくても、漢字の字面を手がかりに連想すれば理解できる語です。

読んだ順に理解できる不思議

このように、私たちの理解は、映像を思い浮かべるときも、概念を論理的に組み立てることもあります。頭のなかの音に頼ることも、漢字の字面に頼るときもあります。文章を理解するというのは、じつに不思議な現象です。

ですから、文章理解には、解明する価値のある研究テーマがいくつもあるのですが、本書は予測の本として、文が多数連なってできている文章を、読み手がなぜ瞬時に、的確に理解できるのかに焦点を絞って考えたいと思います。

まずは、予測という現象そのものを理解するために、一文のなかの予測について簡単な例を二つ挙げておきましょう。一つ目の例は、単文における主語と述語の対応の問題、二つ目の例は、複文における従属節と主節の対応の問題です。

わたしには妻が一人、愛人が二人、非常に親孝行の子供が二人、かわいい子犬が一匹、いればいいなと願っている。

（土屋賢二『われ笑う、ゆえにわれあり』文藝春秋）

おとといも、きのうもカレーやったけど、今日は思いきって、カレーにしよ！

（映画『ホーホケキョ　となりの山田くん』お母さん・まつ子のセリフ　制作　スタジオジブリ）

それぞれの文にユーモアが感じられるのはなぜでしょうか。

一つ目の例では、「わたしには妻が一人、愛人が二人、非常に親孝行の子供が二人、かわいい子犬が一匹、」とくれば「いる」という事実を予測するのですが、「いればいいなと願っている」という願望がくるそのズレがおかしいのでしょう。

二つ目の例では、「おとといも、きのうもカレーやったけど」とくれば、二日連続のカレーに飽き飽きしている家族は、さすがに今日の献立が変わると思うでしょう。さらに、「今日は思いきって」と続きますから、手の込んだメニューを期待しそうなところです。それが、今日もまた同じ手抜きメニューのカレーであるというところにおかしみがあります。

言語を理解するときになぜ予測が問題になるかというと、言語は一本の線であり、頭から順に読むようにできているからです。頭から順に読む過程で徐々に意味が見えてくるという性質が言語にはあり、その線的な性質が予測を生むのです。

もちろん、右記のように一文のなかでも予測は起こります。しかし、考察の対象としておもしろいのは、一文のなかの予測ではなく、多数の文が続く文章における予測です。読み手がなぜあれほど速く言語を理解できるのかという謎を解くカギが予測にあるのだとしたら、一瞬で理解できる一文のなかよりも、相当の時間がかかる文章のほうでこそ、予測という現象を検討する価値があると考えられるからです。

ただし、そうした多数の文が続く文章における予測を理解するには、その前提となる文章理解そのもののメカニズムについて知らなければなりません。そこで、文章の予測については第二章以降でくわしく論じることにし、この第一章では、文章理解のメカニズムについて考えたいと思います。

文章理解のしくみ

では、予測の前提となる文章理解という活動はいったいどのようなものでしょうか。

文章理解は、瞬時におこなわれるもので、実証的に明らかにするのは難しいのですが、論理的には、つぎの四つのプロセスが循環して起こっていると考えられそうです。

①目から活字を画像として取得する
②取得した画像を文字列として認識する
③文字列を意味に変換する
④意味をイメージとして理解する

文章理解が①「目から活字を画像として取得する」ことに始まるのはすぐにわか

るでしょう。目の見えない人の場合は、点字として指先から認識するか、音読した文章を耳から聞く必要があります。

②「取得した画像を文字列として認識する」は、狭い意味での言語能力の問題になります。日本語であれば平仮名・片仮名・漢字が、英語であればアルファベットがわからなければ理解が進みません。

③「文字列を意味に変換する」ためには語彙《ごい》能力と文法能力が必要となります。アルファベットがわかっただけで英語の文章が読めるようにはなりません。それぞれの語の意味と、その語の組み合わせの論理を解読する文法がわからなければ理解できないのです。

④「意味をイメージとして理解する」というのは、③から得た内容をそれまでの文脈や頭のなかの知識や経験と照合して、整合性があるように理解するということです。「香港《ホンコン》はイギリス領である」というのは二〇世紀の段階では正しいのですが、二一世紀の現在では誤りで、「香港はイギリス領であった」とする必要があるというのは、④の段階で初めてわかる事柄です。

ボトムアップ処理とトップダウン処理

文章理解の仕方には、ボトムアップ処理とトップダウン処理があります。

ボトムアップ処理というのは、一つ一つの要素の意味や機能を考え、それを順々に組み立てて、文の内容を徐々に理解していく方法です。読み手の頭を言葉に合わせる読み方で、時間はかかりますが、堅実です。

たとえば、It is hard to keep a diary every day. という文を見たとき、「それ (It) は (is) ハード (hard) だ。それ (It) というの (to 以下) は、キープ (keep) すること、日記 (a diary) を毎日 (every day) だ」と理解することです。翻訳すると、「日記を毎日つけるのは大変だ」となりますが、ボトムアップ処理は、あくまでもその言語の語順にそって理解するのが原則です。

一方、**トップダウン処理は、その文章に何が書かれているか、先行文脈などからあらかじめ見当をつけ、それを利用して個々の文の内容を理解していく方法です。**言葉を読み手の頭に合わせる読み方で、早とちりもありますが、効率的です。

なぜ、トップダウン処理がおこなわれるかというと、そのほうが、理解が効率的に進むからです。ためしにつぎの文章を読んでください。

みんなは僕のことをどう思っているのだろうか。いざというときに頼りになると言われるけど、ふだんは誰も僕のことを思いだしてくれない。僕は暗いところが得意なので、夜は力を発揮できるけど、昼間はほとんど役に立たないと思われているのが悔しい。

僕は持ち運びに便利にできている。でも、毎日携帯してくれる人はほとんどいない。それどころか、携帯電話で僕の代わりが務まると考える人もいて、僕の存在価値はますます下がっているような気がする。

僕の祖先はやけどするほど熱かったが、僕自身はそんなに熱くない。僕にはテレビだってラジオだってついている。僕は水が大の苦手だが、仲間のなかには水のなかでも大丈夫なヤツもいる。僕たちだって少しずつ進化しているのだから、もう少しみんな僕たちのことを大事にしてほしい。

すぐにピンときた人もいるかもしれませんが、大半の人は何の話かわからずに理解に苦しんだことでしょう。

トップダウン処理は、話題がわかるとスムーズに進みます。ところが、この文章は何の話かさっぱりわかりません。じつは、この文章の冒頭には「僕は懐中電灯である。」という一文があり、それが省略されていたのです。もう一度、「僕＝懐中電灯」という前提で文章全体を読み直してください。今まで見えなかったことが次々に見えてくるようになるでしょう。

非常用に一家に一台はある懐中電灯ですが、ふだんは家の片隅でほこりを被《かぶ》っています。暗いところでは便利でも、明るいところで使おうとは誰も思いません。毎日懐中電灯を学校に持っていく人はいないでしょうし、携帯電話のライトで代用している人もいるでしょう。かつては松明《たいまつ》が用いられ、熱かったのですが、現在の懐中電灯は改良され、熱くもなく、緊急時の情報収集のためにテレビやラジオがついているものもあります。防水機能が高いものは水中ライトとしても使えます。

文章全体の話題がわかると、その話題に関わる構造的な知識（「スキーマ」と呼ばれます）が活性化され、そこからトップダウン処理がおこなわれます。ここでは、懐中電灯から連想されるさまざまな知識を使って、理解がスムーズに進むようになり、かつ記憶に留《とど》めやすくなるわけです。

もう一つ文章を紹介しましょう。この文章も読みにくい文章です。

秋はいったいどんな季節なのだろうか。

暑い夏のなかに、すでに涼しい秋の気配が潜んでいる。さわやかで過ごしやすい秋の背後には、寒く厳しい冬が控えている。

「〇〇の秋」という言葉が多いのが特徴である。

サツマイモやキノコ、カキやクリなど、旬の野菜や果物が豊富な季節である。「天高く馬肥ゆる秋」などと言って、太りやすいこの季節を警戒する人もいるほどである。

暑い夏が終わり、集中力が発揮しやすくなり、知的な活動に向いた季節である。

自分で身体を動かすのも、スポーツ観戦にも適した季節であり、体育の日を中心に運動会もよくおこなわれる。

秋は晴天が多く、紅葉がきれいな季節であるため、山に出かける人も多い。

じつは、もともとあった文をいくつか抜かしたため、読みにくくなっています。

原文は以下のとおりです。抜かした文は傍線を引いて示します。

秋はいったいどんな季節なのだろうか。

まず、秋は、夏から冬へ移り変わる過渡期にある季節である。秋は夏とともに来る。暑い夏のなかに、すでに涼しい秋の気配が潜んでいる。秋は冬を連れてくる。さわやかで過ごしやすい秋の背後には、寒く厳しい冬が控えている。

また、秋はさまざまな活動に向いた季節である。「○○の秋」という言葉が多いのが特徴である。

たとえば、「食欲の秋」という言葉がある。サツマイモやキノコ、カキやクリなど、旬の野菜や果物が豊富な季節である。「天高く馬肥ゆる秋」などと言って、太りやすいこの季節を警戒する人もいるほどである。

それから、「読書の秋」という言葉もある。暑い夏が終わり、集中力が発揮しやすくなり、知的な活動に向いた季節である。

「スポーツの秋」という言葉もある。自分で身体を動かすのも、スポーツ観戦にも適した季節であり、体育の日を中心に運動会もよくおこなわれる。

さらに、ニュースなどで「行楽の秋」という言葉も聞く。秋は晴天が多く、紅葉がきれいな季節であるため、山に出かける人も多い。

傍線を引いた文は、たとえなかったとしても、読み手が持っている知識で補うことができるような内容です。それでも、傍線を引いた文が抜けている最初の文章が読みにくいのは、傍線部の文がどれも文章全体の構造に関わる文だからです。「秋はいったいどんな季節なのだろうか」や『○○の秋』という言葉が多いのが特徴である」という問いを示す文があっても、その答えとなる「まず」「また」で始まる文や「秋は夏とともに来る」「秋は冬を連れてくる」という文、「食欲の秋」「読書の秋」「スポーツの秋」「行楽の秋」を含む文がないと、その問いの答えの所在がわからないまま、読み手は文章を読みすすめなければならないのです。これは読み手にとって大きな負担です。

このように、「秋」の文章では、傍線部の文がないと、内容面の問題ではなく構成面での問題から読みにくさが発生します。

構造的な知識であるスキーマには、「懐中電灯」の文章のように話題から活性化される内容スキーマと、「秋」の文章のように構成を示す表現から活性化される形式スキーマがあり、文章理解ではこの二つのスキーマがトップダウン処理を支えています。

トップダウン処理は、ボトムアップ処理が弱い状況下ではとくに力を発揮します。精読している時間がなく、速読で文章の内容をとらえる必要があるときや、読んでいる言語が外国語で、語彙力や文法力が乏しいときなどです。「はじめに」で触れたように、英語の長文読解で、多少個々の語の意味や文法的な構造がわからなくても、何について書かれているかさえわかれば、どうにか点数が取れるというのも、トップダウン処理を活《い》かした結果です。

しかし、トップダウン処理は見当をつけた理解であるため、ときどき誤解につながることがあります。私は今アメリカに滞在しているのですが、英語力に乏しく、とくにボトムアップ処理能力が弱いため、トップダウン処理に頼りすぎ、しばしば失敗をします。

たとえば、dairyという語を例に考えてみましょう。みなさんは、先ほど読んだ英文の影響で diary だと思ったかもしれませんが（これもトップダウン処理の影響です）、よくみるとaとiの位置が入れ替わっています。

私はこれを英語で書かれたスーパーの広告のなかで見つけました。そこには、牛乳やチーズ、バターなどが並んでおり、dairyと書いてありました。私は、「そうか、毎日食べるからdailyなのか」と思ったのですが、じつはそれは誤りでした。

英語の得意な人はすぐに気づいたと思いますが、dairy と daily は違います。dailyは「日常の」という意味ですが、dairyは「牛乳が原料の」という意味でdairy products（乳製品）という形でよく使われます。dairyというつづりをよく確認せずに理解をはしょると、こうした勘違いに結びつきます。

アメリカには、日本にも一時期進出していたDairy Queenというソフトクリーム・チェーンが至るところにあります。dairyとdailyの区別がつかなかった私は、これを「毎日甘いものが食べられて女王様気分」と誤解していました。もちろん、正しくは「乳製品の女王」という意味で、「ハンバーガーの王様」を意味するBurger Kingとペアになるような名前です。

トップダウン処理は読み手の頭のなかの知識を使います。しかし、個々の読み手の能力と関心には偏りがありますので、このような誤解が生じるのです。

予測というのは、このあとにどんなことが書かれているか、見当をつけるということですので、トップダウン処理の典型です。予測研究は、アメリカでは七〇年代の人工知能研究のなかで本格的に始まりました。性能の低い当時のコンピュータに効率よく文章理解をさせる実験を重ねた結果、スキーマを組みこんだトップダウン処理の研究が飛躍的に発展したのです。

その後、二〇世紀の文章理解研究では、ボトムアップ処理かトップダウン処理かという論争が盛んにおこなわれていましたが、現在では、両者の処理の存在を前提に、その二つをどのように組み合わせて文章理解がおこなわれているかに研究の関心が移ってきています。そして、トップダウン処理の重要な柱の一つが予測であり、それをどのように文章理解のプロセスのなかに位置づけるかの研究が今も続けられています。

第二章　予測とは？

予測を体験する

文章と理解という大切な概念を押さえたところで、いよいよ予測に入りましょう。予測は実際に体験するのが一番です。まずは、つぎの文章を読んでみてください。

本書では文を単位にした予測を問題としていますので、一文（わかりやすいように丸数字で文番号を付してあります）を読みおわるごとに、つぎに話がどんな展開になるか意識するように心がけてください。ただ、あまり意識してしまうと、読み方が不自然になるおそれもありますので、無理に予測しようとする必要はありません。

①或《ある》小学校に於《お》ける手工の時間に、Fといふ教師の経験した話。
②その日Fは生徒一同に同じ分量の粘土を与えて、各自勝手な物を作らせて見ようと企てた。③生徒は皆大いに喜んで各自思い思いに、馬だの牛だの人形だの茄子《なす》だの胡瓜《きゅうり》だのを作った。
④ところが、中にただ一人時間が過ぎても、ぼんやり何か考え込んでいて何

も作らない生徒があった。⑤彼はもともと其《そ》の級第一の劣等児であった。⑥算術や読方はいうまでもなく、学科といふ学科は悉く《ことごと》ゼロに近い点数をとっていた。⑦ただ不思議に彼は自然の風物を愛する点に於いて他の児童に見ることが出来ない豊かさを持っていた。⑧空だの、草だの、木だのに対する彼の愛着は極めて深かった。⑨時には授業中をもかまわずに窓の外の鳥の音に誘われて、ふらふらと教室を出て行こうとするような事さえあった。⑩教師Fはそうした彼の性情をよく理解していたので、なるべくそれを傷つけないように注意していたが、時々は他の生徒への手前叱らずに居られぬような事もないではなかった。

⑪その粘土細工の時間にもFはあまりの事に彼のそばに行って、やや語調を荒くしてたずねた。

「⑫おい、お前は何をしてるんだ。⑬一時間たっても何もしないじゃないか。⑭なぜ、そうぼんやりしてるんだ」

⑮教師のそうした詰問に、彼はまるで夢からさめでもしたように、きょとんとした顔を上げた。⑯そしていかにも困ったという風に訴えた。

「⑰先生、私は幽霊を作りたいんです。⑱作ろうと思う幽霊はハッキリ目に見えているんです。⑲けれども、いつかうちのお母さんは幽霊といふものは足のないものだといって聞かせました。⑳でも、足がなくては立てません。㉑私はそれを考えていたんです。㉒先生！　㉓どうしたら足がなくても立たせることが出来るでしょうか。㉔それさえわかれば今すぐ私は幽霊をこしらえます」㉕それには教師もまいってしまった。㉖むしろ一種の驚異さえも感じさせられた。㉗そしてただこう答えるより外なかった。「㉘よし、よし。㉙それでは今日はそれでやめにして置くがいい。㉚その代りいつでもいいからお前がその工夫の出来た時に作って持って来るがいい」㉛しかし、その生徒は卒業するまでついにそれを作り得ずにしまった。㉜或は一生涯彼はそれを考え続けるのかも知れない。㉝教師は時々その教え子をおもひ出しては涙ぐまされるのであった。

この文章は、早稲田大学校歌「都の西北」の作詞者としても知られる相馬《そうま》御風《ぎょふう》「幽霊の足」（『日本の名随筆　別巻六七　子供』作品社）の全文です。不思議な世界に思わず引きこまれてしまいそうな力のある文章です。みなさんの予測はどうだったでしょうか。

私が考えた予測を【　】に入れて示すことにします。複数考えられるところでは複数示し、思いつかなかったところはとくに示しませんでした。実線を引いたものが直後の後続文脈で実現した予測、破線を引いたものが間を置いてから実現した予測、傍線のないものが後続文脈で実現しなかった、いわば外れた予測です。

①或小学校に於ける手工の時間に、Fといふ教師の経験した話。【どんな話なのだろうか？】②その日Fは生徒一同に同じ分量の粘土を与えて、各自勝手な物を作らせて見ようと企てた。【そこで先生は何か準備したのだろうか？／そしたら生徒はどうしたのだろうか？】③生徒は皆大いに喜んで各自思い思いに、馬だの牛だの人形だの茄子だの胡瓜だのを作った。④ところが、中にただ一人時間が過ぎても、ぼんやり何か考え込んでいて何も作らない生徒があった。【どんな生徒なのだろうか？／どうして何も作らないのだろうか？】⑤彼はもともと其の級第一の劣等児であった。【たとえばどんな点で劣等児なのだろうか？】⑥算術や読方はいうまでもなく、学科といふ学科は悉くゼロに近い点数をとっていた。【だから何も作れないのだろうか？】

⑦ただ不思議に彼は自然の風物を愛する点に於いて他の児童に見ることが出来ない豊かさを持っていた。【たとえばどんな豊かさを持っていたのだろうか?】【それならなぜ何も作れないのだろうか?】⑧空だの、草だの、木だのに対する彼の愛着は極めて深かった。⑨時には授業中をもかまわずに窓の外の鳥の音に誘われて、ふらふらと教室を出て行こうとするような事さえあった。【それならなぜ何も作れないのだろうか?】⑩教師Fはそうした彼の性情をよく理解していたので、なるべくそれを傷つけないように注意していたが、時々は他の生徒への手前叱らずに居られぬような事もないではなかった。【それなら今回も叱ったのだろうか?】⑪その粘土細工の時間にもFはあまりの事に彼のそばに行って、やや語調を荒くしてたずねた。【何てたずねたのだろうか?】「⑫おい、お前は何をしてるんだ。【それに彼はどう反応するのだろうか?】⑬一時間たっても何もしないじゃないか。【それに彼はどう反応するのだろうか?】⑭なぜ、そうぼんやりしてるんだ【それに彼は何て答えるのだろうか?】」⑮教師のそうした詰問に、彼はまるで夢からさめでもしたように、きょとん

とした顔を上げた。【それからどうするのだろうか？】⑯そしていかにも困ったという風に訴えた。【何て訴えたのだろうか？】
「⑰先生、私は幽霊を作りたいんです。【どうして幽霊なんて作りたいのだろうか？】⑱作ろうと思う幽霊はハッキリ目に見えているんです。【それならどうして作らないのだろうか？】⑲けれども、いつかうちのお母さんは幽霊というものは足のないものだといって聞かせました。⑳でも、足がなくては立てません。【それなら足をどうするのだろうか？】㉑私はそれを考えていたんです。【だから困って作れなかったのだろうか？】㉒先生！【つぎに何かを訴えるのだろうか？】㉓どうしたら足がなくても立たせることが出来るでしょうか。【それに先生は何て答えるのだろうか？】㉔それさえわかれば今すぐ私は幽霊をこしらえます【それに先生は困ったのだろうか？】」
㉕それには教師もまいってしまった。【そこで先生はどうするのだろうか？】㉖むしろ一種の驚異さえも感じさせられた。【そこで先生はどうするのだろうか？】㉗そしてただこう答えるより外なかった。【何て答えるのだろうか？】
「㉘よし、よし。【つぎになだめるのだろうか？】㉙それでは今日はそれでやめにして置くがいい。【そしたら明日以降はどうするのだろうか？】㉚その代

りいつでもいいからお前がその工夫の出来た時に作って持って来るがいい【その後どうなったのだろうか?】」

㉛しかし、その生徒は卒業するまでついにそれを作り得ずにしまった。【どうして作れなかったのだろうか?】㉜或は一生涯彼はそれを考え続けるのかも知れない。【どうして考えつづけるのだろうか?】㉝教師は時々その教え子をおもひ出しては涙ぐまされるのであった。【どうして涙ぐむのだろうか?】

予測は、人によって違うものですから、ここには書かれていないような予測をした人もいるかもしれません。また、わかりやすいように予測を具体的な言葉にしましたが、実際に読んでいるときにはもっと漠然としたもののように思います。

ただ、先行文脈を頼りに一文一文を順に理解していくときに、ここまで読んでここまでわかった、つぎはこんなことを知りたい、という心の動きがあるということは間違いないでしょう。本書では、それを予測と呼んでいます。

この文章一つを考察するだけでもいろいろなことに気づきます。読者のみなさんはどんなことに気づいたでしょうか。ここではそれを「予測の幅」「予測の種類」「予測の実現」という三つに分けて見ていくことにしましょう。

予測させる力の幅

まず考えたいのは「予測の幅」です。「予測の幅」というのは、ある一つの文がどのくらい予測させる力を持っているかという予測の広がりを指します。「幽霊の足」という文章の予測を見てすぐにわかるのは、②や④のように、一つの文から二つ以上の予測が可能なものと、③や⑲のように一つの予測も思い浮かばないものがあるということです。

今回は、さまざまな読者を想定して、私が思いついた予測をいろいろと書きこみましたが、実際に文章を読んでいるとき、これらすべてを予測するという人はおそらくいないでしょう。詳しいことは予測研究の発展をまたなければなりませんが、私がこれまで実験したかぎりでは、予測が比較的起きやすそうな文章でも、**平均すると、読み手は文章全体の半分弱の文でしか予測をおこなっていないようです。**

実際に文章を読んでいる過程で、半分以上の文は予測なしで理解できるというのは、じつは大切なことだと思います。予測は文章理解の効率を高め、読み手の処理負担を減らすものですが、余計な予測をすると、かえって処理負担が増えてしまいます。その意味で、予測は読み手の頭のなかで必要最小限しか起きていないと考えられます。

予測が起きるのは、おもに文脈の展開が変わる節目です。予測は車のウィンカーやブレーキランプのようなもので、いつも点滅あるいは点灯していたら、後続のドライバーにとってはかえって目障りになります。曲がるときや止まるときだけ予測できればよいのです。

一方で、文脈の展開の大きな節目にさしかかると、予測が複数起きることがあり、とくに新たな話題が導入された直後に多く見られます。新たな話題が始まった直後というのは、読み手の文脈が安定せず、さまざまな読みとりの可能性が考えられるからです。話題が進行すると自然と内容が絞りこまれ、予測の可能性は狭まっていきます。

「予測の幅」は、読み手の個性によっても違ってきそうです。先の文章でも、ほとんどの人が似たような予測をしそうなものと、人によって予測が分かれそうなものがあります。

たとえば、①「或小学校に於ける手工の時間に、Fといふ教師の経験した話」という冒頭の文を見て、「Fといふ教師の経験した話」がどんな話なのだろうと気にならなかった人は、おそらくいないでしょう。

また、④「ところが、中にただ一人時間が過ぎても、ぼんやり何か考え込んでいて何も作らない生徒があった」という第三段落の冒頭の文を見て、他の生徒はみんな喜んで粘土で作品を作っているのに、どうしてこの生徒だけ作らないのだろうかという原因について疑問を抱かなかった人もいないのではないでしょうか。

「ぼんやり何か考え込んでいて」とあるので、その「何か」とはいったい何だろうか。あるいは、この変わった生徒はいったいどんな生徒なのだろうか。そこまで思いを馳《は》せたかどうかは、読み手の読みの深さによって差があるかもしれません。しかし、「みんなが喜んで粘土細工を作っている」→「なのに一人だけ作っていない生徒がいる」→「どうして？」という思考回路は、ほとんどの読者が共有していると思われます。

ほとんどの人が似たような予測をしそうなところは、予測を誘発する表現が見られるのが普通です。たとえば、⑪「その粘土細工の時間にもFはあまりの事に彼のそばに行って、やや語調を荒くしてたずねた」⑯「そしていかにも困ったという風に訴えた」㉗「そしてただこう答えるより外なかった」は、いずれもつぎに何を言ったかを予測するところですが、「たずねた」「訴えた」「答えるより外なかった」といずれも伝達を示す動詞があり、かつ「〜と」に当たる引用部が省略されていたり、「こう」という指示詞で置き換えられていたりする点で共通しています。読み手にかかわらず、共通した予測が想定できるところには、だいたい予測を誘発する表現が隠れています。

予測のいろいろ

「予測の幅」のつぎに考えたいのは「予測の種類」です。一口に予測といっても、そこにはさまざまな種類が見られます。

まず、予測の及ぶ範囲の広いものと狭いものがあります。冒頭の①「或小学校に於ける手工の時間に、Fといふ教師の経験した話」から得られる「どんな話か」という予測は、文章全体を包括するきわめて範囲の広い予測です。また、④「ところが、中にただ一人時間が過ぎても、ぼんやり何か考え込んでいて何も作らない生徒があった」から得られる「どうして何も作らないのか」という予測もまた、この文章の中心的な謎としてかなり広範囲に影響を及ぼします。一方、それ以外の予測は、直後の数文で実現し、解消しています。

つぎに、予測には、後続文脈に問いを発するものと、問いだけでなくその答えまで用意されている予測があることに気づきます。前者を「**問いの予測**」、後者を「**答えの予測**」と呼んでおきましょう。この区別は、予測を具体的に分析するうえでとくに重要です。

本書では予測を疑問文で表すようにしました。理解の過程で疑問文を実際に頭のなかに作っているわけではないでしょうが、その文まで読んで疑問に感じたことに焦点を当て、その疑問を解決したいという気持ちで後続の文脈を読むのが予測の基本的な働きである以上、疑問文で示すのがもっともわかりやすいからです。

私は、**文章理解は文章を媒介にした読み手と書き手の疑似対話**だと考えています。その対話は問いと答えによって進められます。問いを発するのは読み手です。答えを出すのも読み手ですが、問いの手がかりや答えのヒントは、書き手によって文章のなかに埋めこまれており、それにもとづいて対話が起こります。認知心理学で文章理解を問題解決過程ととらえる見方がありますが、私の考えもそれに近いものです。

ちなみに、文章表現は、文章を媒介にした書き手と読み手の疑似対話です。問いを発するのは書き手であり、答えを出すのも書き手ですが、読み手が自力で問いと答えを導きだせるように、書き手が文章のなかに問いの手がかりや答えのヒントを埋めこみます。

以上のように考えると、予測は、文章の理解過程で読み手の頭のなかで生まれる問いですので、「問いの予測」がその中心ということになるでしょう。ところが、予測のなかには、問いだけでなく、問いにたいする答えまで見当のつく「答えの予測」もあります。たとえば、⑪「その粘土細工の時間にもFはあまりの事に彼のそばに行って、やや語調を荒くしてたずねた」の「何とたずねるか」は、答えの見当がつく予測です。「あまりの事に」「やや語調を荒くして」という言葉があるからです。⑮に「詰問」という表現がありますが、ここで予想される「何と」に当たる内容はまさに詰問に相当するもので、「なぜ何も作らないのか」のようなものが想定されます。しかし、のちほど詳しく述べるように、「答えの予測」は例外的なものです。予測の本来の役割は問いを発することと考えておいて問題はありません。

さて、予測が文章理解上の問いであり、それが疑問文で表せるとした場合、予測の種類の三つ目として、文の内容を深めるものと進めるものがあることに気づかれるでしょう。前者を「深める予測」、後者を「進める予測」と呼ぶことにすると、「幽霊の足」の予測では、「深める予測」には接続詞をつけず、「進める予測」には接続詞をつけるということで区別しました。

「深める予測」というのは、今読んでいる文に情報の不全感があって、「いつ」「どこで」「誰が」「何が」「何を」「どう」「なぜ」などといった疑問詞を使って、文の情報の不完全な部分を補おうとする予測です。

「進める予測」というのは、今読んでいる文の内容は理解できたので、「それから」「すると」「それで」「だから」「しかし」といった接続詞を使って、つぎの展開を知ろうとする予測です。予測では、「深める予測」と「進める予測」が車の両輪になります。

幼い子どもが親に物語を聞かせてもらう場面を想像してください。自分が小さかったころ、「なんで？」「どうやって？」といった疑問詞や「それから？」「それで？」といった接続詞を使い、自分が少しでも早く知りたいことを教えてくれるよう、身近な大人にせがんでいたことをきっと思いだすでしょう。疑問詞と接続詞に象徴される「深める予測」と「進める予測」は、人間の基本的な言語理解の姿なのです。

当たる予測と外れる予測

第三に考えたいのは「予測の実現」です。わかりやすくいうと、予測には当たるものと外れるものがあるということです。

予測が当たった場合、理解に役立つことはいうまでもないでしょう。たとえば、冒頭の①「或小学校に於ける手工の時間に、Fといふ教師の経験した話」を読むと、読み手は後続文脈にその「話」が語られることを予測します。そして、この予測が実現し、それ以降の具体的な話を、小学校の手工(現在の図工)の時間を舞台にしたFという教師の話として読むことで、理解が容易になるわけです。

しかし、予測が外れた場合でも、理解に貢献することがあります。その典型的な例が、「しかし」などで表される逆接です。逆接は予想とは逆の展開のことですが、予想とは逆の展開が成り立つためには予測の存在が前提になります。逆接は順接があるからこそ成立するものです。

④では、ぼんやり何か考え込んでいて何も作らない生徒の存在が明かされ、⑤で

は、その生徒が劣等生であることが示されます。⑥「算術や読方はいうまでもなく、学科といふ学科は悉くゼロに近い点数をとっていた」という文に至り、「この生徒は何をやらせてもダメだから何も作れないのかな」という仮説が読み手の心によぎります。しかし、その仮説が誤りであることが、⑦「ただ不思議に彼は自然の風物を愛する点に於いて他の児童に見ることが出来ない豊かさを持っていた」で示されます。ここで、⑥で想定した仮説が外れたことになるのですが、この予測がなければ、「ただ」という逆接の接続詞で導入される⑦の理解が難しくなるでしょう。**逆接というのは、順接の予測を前提に、それを外すことで成り立つ表現です。**

予測が外れても理解に貢献するもう一つの典型的な例は、行間の存在に気づき、読みを深め、余韻を感じさせるという働きです。

　たとえば、最終段落では予測が外れつづけます。㉛「しかし、その生徒は卒業するまでついにそれを作り得ずにしまった」からは「どうして作れなかったのか」という疑問が、㉜「或は一生涯彼はそれを考え続けるのかも知れない」からは「どうして考えつづけるのか」という疑問が、㉝「教師は時々その教え子をおもひ出しては涙ぐまされるのであった」からは「どうして涙ぐむのか」という疑問がそれぞれ湧きます。しかし、この疑問は文章のなかで解き明かされることはありません。

優れた読み手は、それらの疑問にたいして、それまで読んできた内容を手がかりに自分で答えを出そうとします。そこで考えなければならないのは、なぜ書き手がこのような内容をわざわざ表現したのかという表現意図です。そこから書き手との対話が始まります。

㉛の「どうして作れなかったのか」からは、けっして生徒がサボって作らなかったのではなく、真剣に作ろうとして頭を悩ませたあげく、幽霊の足の問題が解決しなかったのだろうと想像されます。もしかしたら、F先生のところにその後何度も相談に来たのかもしれませんが、そのたびに肩を落として帰っていったのでしょう。

㉜の「どうして考えつづけるのか」からは、その生徒の不器用でひたむきな姿勢が見えてきます。その生徒はきっと幽霊の足のことで在学中悩みつづけたのでしょう。暗い表情を見せることも何度かあったのかもしれません。普通の生徒なら、幽霊の足のことなんてすぐに忘れてしまいます。しかし、この生徒の並外れた感受性がそうはさせませんでした。そのことを一生涯考えつづけてもおかしくないほどの不器用なひたむきさが、この生徒にはあったということが見えてきます。

㉝の「どうして涙ぐむのか」からは、F先生のこの一件についての後悔と生徒への愛情の深さが伝わってきます。一生懸命考えている生徒を詰問してしまったこと、

生徒の真剣に悩む気持ちを正面から受け止めなかったこと、粘土細工の完成を先延ばしするアドバイスをして、結果としてその生徒を追いつめることになってしまったこと。そのことを今でも責めつづけるF先生は、きっとその生徒におとらず感受性が鋭かったのだろうと想像されます。

予測が外れたとき、読み流してしまうことも可能です。しかし、そこで立ち止まり、文章が直接与えてくれなかった答えを自分で出すこともできます。**実現しなかった予測は、行間の存在を示唆し、読みを深め、余韻を感じとるきっかけを与えてくれるのです。**

予測とは何か

さて、「幽霊の足」という実際の文章で見られた予測の考察が終わったので、ここであらためて予測とは何かを考えておきましょう。

まず、はっきりさせておきたいのは、本書で考える予測とは、**「今読んでいる文をとおして感じられる理解のモヤモヤを、そのあとに続く文脈で解消しようと期待**

する読み手の意識」のことです。

予測というと、つぎにくる内容を一つに定める働きだと思う人がいるかもしれません。たしかにそうした場合もあります。しかし、多くの場合は、つぎにきそうもない内容を省き、きそうな内容の候補を絞る働きです。

先ほど「予測の種類」のところで「問いの予測」と「答えの予測」の話をしましたが、答えまでわかる予測というのは、じつは例外的です。そのことは、「幽霊の足」の文章の予測を確認してみればすぐにわかるでしょう。

たとえば、冒頭の①「或小学校に於ける手工の時間に、Fといふ教師の経験した話」で「どんな話か」という問いを読み手は発しますが、どんな話かがこの時点でわかってしまったら、この文章を読む価値がなくなってしまいます。文章というのはつぎにくる内容がわからないから読むものです。読むまえからわかっていたら、わざわざ読む必要はありません。**つぎにくる内容を一つに決定するのではなく、ある程度限定するのが予測の基本的な働き**だという点は大切です。

また、予測というと、つぎにくる内容を意識的、積極的に解釈しようとする働きと思われることもあります。これも、そうした場合がないわけではありませんが、多くの場合は読み手のなかで自然に湧いてくるものです。

もちろん、推理小説で「犯人が誰だろう」と考えたり、恋愛小説で「どんなエンディングを迎えるのだろう」と考えたりすることもあります。しかし、その場合は、文章の理解過程で起こるものではなく、文章からいったん目を離して、頭のなかで思いめぐらせるものです。こうしたものも予測と呼んでかまいませんが、本書で扱う中心的な予測でないということは頭に置いておいてください。

予測は文法ではない

多少専門的になってしまうのですが、さらにもう一点、確認しておきたいことがあります。それは、言語学における予測の位置づけです。これまでの研究のなかで、「予測文法」という用語が使われることがしばしばありました。しかし、それは、私は誤りであると考えています。

文法というのは、判断があいまいになる場合もありますが、原則として黒か白かはっきりできるルールに基づいてできている分野です。しかし、予測というのは、いつも当たるわけではなく、外れることもあります。その意味で傾向の問題です。

そうした傾向の問題は、文法では扱いきれないものです。

予測というのは、推論の一種です。推論というのは、知っていることから知らないことを論理的に導きだすことです。言語学では、語用論という、推論を扱う分野があります。

たとえば、タバコを吸う人に「ライターある？」と聞かれたとします。「あるよ」とだけ答えて沈黙をつづけたら、相手はムッとするでしょう。「どうぞ」と言って、ライターを差しださなければなりません。「ライターある？」には「あったら火を貸してくれない？」という意味が含まれているからです。

また、「火を貸してくれない？」と直接聞かれた場合でも、「いいけど、あとでかならず返してね」とは言えません。ここでの意図は「火をつけさせてくれない？」であり、火は、トイレなどと同様、貸すことはできても返せるものではないからです。もちろん、「火は貸せないけど、ライターなら貸せるよ」もご法度です。相手は「火」という言葉で「火がつけられるもの」を指しているからです。

日常会話で言葉どおりのやりとりをすると、人間関係がぎくしゃくします。**言葉の足りない部分を推論で補っているので、コミュニケーションは成立するのです。**

こうしたことを考えるのが語用論です。

予測もまた、言葉の足りない部分を論理的に導きだし、読むというコミュニケーションを円滑にする推論の一種ですので、文法論ではなく語用論で扱うべき問題です。

予測を研究する方法

予測というのは頭のなかで起こっている現象なので、どのように研究しているのかと聞かれることがあります。じつは、目に見えない予測をどのように目に見える形にするかということは、予測研究の最大の問題です。

考えられる一つの方法は、**内省によるもの**です。頭のなかで起こっていることを考え、それを言葉にするのです。研究者自身の頭のなかで考えることもありますし、他の人にお願いして、頭のなかで考えていることを口に出してもらったり（「発話プロトコル法」といいます）、紙に書いてもらったりします。

研究者自身の頭で考えた場合、どうしても思いこみや偏りがあり、主観的になりがちです。一方、他の人にお願いした場合、客観性は高まるのですが、口に出してもらったり紙に書いてもらったりするときに、理解作業と表現作業を同時にやってもらうことになりますので、通常の文章理解でおこなわれていることと違った結果になるおそれがあります。

考えられるもう一つの方法は、言語コーパスによるものです。言語コーパスというのは大量の言語資料のことで、最近は日本語のものも充実してきており、たとえば国立国語研究所では現在一億語レベルの書き言葉コーパスを作成しています。言語コーパスを使って調べる場合、たとえば「たしかに〜かもしれない」という文が出てきたときに、つぎに何％の確率で「しかし」や「だが」といった逆接の接続詞が出てくるかを簡単に調べることができます。その意味で客観的ではあるのですが、人間の頭のなかで起こっている文章理解と、言語コーパスに見られる実際の文章展開がどのくらい近似しているかという問題や、表現として形に表れているもの以外は分析しにくいという問題があり、一長一短です。

しかし、こうした方法をいくつか組み合わせていくことで、予測の全体像が少しずつ明らかになることが期待されています。

第三章　問いの予測とは？

「深める予測」と「進める予測」

第二章で述べたように、予測の中心は「問いの予測」です。「問いの予測」は、ありそうもない展開の可能性を除き、つぎの話の展開の方向性を絞る働きを持つ予測です。そして、その「問いの予測」は「深める予測」と「進める予測」に分かれます。

文章理解では、読み手が今読んでいる文に意味を見いだせれば、つぎの文に進めます。しかし、情報が不足していて、読み手がその文に充分な意味を見いだせなければ、不充分な情報を補う「深める予測」をおこないます。

一方、読み手がその文に充分な意味を見いだせた場合、話がそのあとどう進展するのか、つぎの展開に思いを馳《は》せます。その展開がどうなるかを予測するのが「進める予測」です。

本章では、「深める予測」と「進める予測」がどのようなものであるか、具体例を見ながら考察するとともに、「深める予測」が続く文章、「進める予測」が続く文章を読んだ場合、文章世界への引きこまれ方がどのように異なるか、その違いを知ることを目指します。

冒頭文の「深める予測」

「深める予測」というのは、第二章で述べたように、今読んでいる文に情報として「何か足りない」という欠落感があって、その欠落感を「いつ」「どこで」「誰が」「何が」「何を」「どう」「なぜ」などといった疑問詞を使って補塡《ほてん》しようとする予測です。

文章の冒頭はそうした欠落感の宝庫です。**読み手を文章世界に自然に誘《いざな》うために、あえて欠落感を用意しているからです。**いくつかの作品を観察してみましょう。傍線の引いてある最初の一文で立ち止まり、その文のどこに欠落惑があるか意識してください。

そのとき、吾一《ごいち》は学校から帰ったばかりだった。はかまをぬいでいるところへ、おとっつあんが、ひょっこり帰ってきた。おとっつあんは、彼に銅貨を一つ渡して、焼きイモを買ってこいと言った。よっぽど腹がすいているらしく、いやにせかせかしていた。

吾一は、急いで路地を駆けだして行った。

これは、山本有三『路傍の石』(新潮文庫)の書き出しで、「いつ」の予測が起こります。

「そのとき」と作品の冒頭で言われると、「『そのとき』っていつ?」という気持ちになります。これが、「はかまをぬいでいるところへ、おとっつあんが、ひょっこり帰ってきた。そのとき、吾一は学校から帰ったばかりだった」という文脈であれば、違和感はなかったでしょう。

エレベーターはきわめて緩慢な速度で上昇をつづけていた。おそらくエレベーターは上昇していたのだろうと私は思う。しかし正確なところはわからない。あまりにも速度が遅いせいで、方向の感覚というものが消滅してしまったのだ。あるいはそれは下降していたのかもしれないし、あるいはそれは何もしていなかったのかもしれない。ただ前後の状況を考えあわせてみて、エレベーターは上昇しているはずだと私が便宜的に決めただけの話である。ただの推測だ。根拠というほどのものはひとかけらもない。十二階上って三階下り、地球を一周して戻ってきたのかもしれない。それはわからない。

これは、村上春樹『世界の終りとハードボイルド・ワンダーランド』（新潮文庫）の書き出しで、「どこで」の予測が起こります。この書き出しを読んで、気になることはいろいろありますが、もっとも気になるのは「ここはどこ？」ということでしょう。この謎はこの部分だけではわからず、しばらく読みすすめたさきでわかるようになっています。

裏街の小さな居酒屋の、土間に置いたテーブルを囲んで、彼等はいつものように安い酒を飲みながら、三時間以上も議論をした。そういう店が居心地のいい場所であったし、そして彼等には（身分相応）でもあった。四人とも法律を勉強している大学生で、理窟《りくつ》っぽい青年たちだった。だから彼等のはてしない議論はほとんど抽象的で、観念的だった。社会がどうの、政治がどうの、そしてまた人生がどうの、革命がどうの……。
議論の根柢《こんてい》にある想念は、青春の明るい希望にみちたものではなくて、むしろ絶望的なものだった。三宅《みやけ》は左翼学生であったから、来たるべき革命の日を、情熱をこめて語っていた。けれども革命を待望する彼の気持は、現在の社会に対する絶望にほかならなかった。未来の革命を信じるよりほかには、今日を生きることの意味がなかったのだ。

これは、石川達三『青春の蹉跌《さてつ》』（新潮文庫）の書き出しで、「誰が」の予測が起こります。冒頭文は比較的情報量の多い一文で、情報の面ではかなり欠落感が薄いのですが、「彼等って誰？」ということは知りたくなります。もし誰かということを想像せよと言われたら、多くの人は大学生かサラリーマンを思い浮かべるでしょうか。ここでは前者、すなわち大学生という予測が実現しています。

落ちついている。
声が、である。
その乞食《こじき》は、御所の紫《し》宸殿《しいでん》のやぶれ築地《ついじ》に腰をおろし、あごを永正十四年六月二十日の星空にむけながら、夜の涼をとっていた。

これは、司馬遼太郎《りょうたろう》『国盗《と》り物語』（新潮文庫）の書き出しで、「何が」の予測が起こります。さきほどの石川達三『青春の蹉跌』とは対照的に、ひじょうに簡素な書き出しです。「落ちついている」と言われると、「何が？」と聞きたくなります。「声が」と言われると、「誰の？」と聞きたくなります。そのようにして徐々に情報量が増えてくるようになっています。

後《のち》の月という時分が来ると、どうも思わずには居られない。幼ない訳とは思うが何分にも忘れることが出来ない。もう十年余も過去った昔のことであるから、細かい事実は多くは覚えて居ないけれど、心持だけは今猶《なお》昨日の如く、其《その》時の事を考えてると、全く当時の心持に立ち返って、涙が留めどなく湧くのである。悲しくもあり楽しくもありというような状態《ありさま》で、忘れようと思う事もないではないが、寧《むし》ろ繰返し繰返し、考えては、夢幻的の興味を貪《むさぼ》って居る事が多い。そんな訳から一寸《ちょっと》物に書いて置こうかという気になったのである。

これは、伊藤左千夫『野菊の墓』（新潮文庫）の書き出しで、「何を」あるいは「どう」の予測が起こります。冒頭文で欠落しているのは「なにを思ったか？」あるいは「どう思ったか？」という思考の内容です。その思った内容が作品全体で描かれることになります。

近所の人たちはその家を見てへんに思った。そこには若い夫婦ものが二人いるきりで、犬が二疋《ひき》飼ってあった。妻君の方は毎日、朝のうちから出かけて行った。派手な服装はただの風俗ではなかった。その二十ぐらいの妻君が出かけて行ったあとでは、その家は見たところ空家のように感ぜられた。表の戸はいつも一枚だって完全には明けられていなかった。だがこの家は空家ではない――そのなかに彼が住んでいたのである。

これは、佐藤春夫『都会の憂鬱《ゆううつ》』（新潮文庫）の書き出しで、「なぜ」の予測が起こります。変に思ったのには理由があるはずです。その理由を知ろうとすることで、その変な家に住む若い夫婦への関心が自然と高まります。

「ケーベル先生」に見る「深める予測」

さまざまな文学作品の冒頭文に見られるように、欠落感は文章を読みすすめる一つの推進力です。この推進力は部分的に働くこともありますが、文章全体をつうじて働くこともあります。

ここでは、夏目漱石《そうせき》「ケーベル先生の告別」『硝子《ガラス》戸の中』（角川文庫）を例に、ケーベル先生の人となりを「深める予測」をとおして見てみることにしましょう。以下の文章を、傍線を付した段落の冒頭の一文ないしは二文に着目して読みすすめてください。

①ケーベル先生は今日《きょう》（八月十二日）日本を去るはずになっている。しかし先生はもう二、三日まえから東京にはいないだろう。先生は虚儀虚礼をきらう念の強い人である。二十年前大学の招聘《しょうへい》に応じてドイツを立つ時にも、先生の気性を知っている友人は一人《ひとり》も停車場《ステーション》へ送りに来なかったという話である。先生は影のごとく静かに日本へ来て、また影のごとくこっそり日本を去る気らしい。

②静かな先生は東京で三度居を移した。先生の知っている所はおそらくこの三軒の家と、そこから学校へ通う道路くらいなものだろう。かつて先生に散歩をするかと聞いたら、先生は散歩をするところがないから、しないと答えた。先生の意見によると、町は散歩すべきものでないのである。

③こういう先生が日本という国についてなにも知ろうはずがない。また知ろうとする好奇心をもっている道理もない。私《わたし》が早稲田《わせだ》にいると言ってさえ、先生には早稲田の方角がわからないくらいである。深田《ふかだ》君に大隈《おおくま》伯のうちへ呼ばれた昔を注意されても、先生はすでに忘れている。先生には大隈伯の名さえはじめてであったかもしれない。

④私が先月十五日の夜晩餐《よばんさん》の招待を受けた時、先生に国へ帰っても朋友《ほうゆう》がありますかと尋ねたら、先生は南極と北極とは別だが、ほかのところならどこへ行っても朋友はいると答えた。これはもとより冗談であるが、先生の頭の奥に、区々たる場所を超越した世界的の観念が潜んでいればこそ、こんな挨拶《あいさつ》もできるのだろう。またこんな挨拶ができればこそ、たいした興味もない日本に二十年もながくいて、不平らしい顔を見せる必要もなかったのだろう。

⑤場所ばかりではない、時間のうえでも先生の態度はまったく普通の人と違

っている。郵船会社の汽船は半分荷物船《にもつぶね》だから船足がおそいのに、なぜそれをえらんだのかと私が聞いたら、先生はいくら長く海の中に浮いていても苦にはならない、それよりも日本からベルリンまで十五日で行けるとか十四日で着けるとかいって、旅行が一日でも早くできるのを、非常の便利らしく考えている人の心持ちがわからないと言った。

⑥先生の金銭上の考えも、まったく西洋人とは思われないくらい無頓着《むとんじゃく》である。先生の宅《うち》に厄介になっていたものなどは、ずいぶん経済の点にかけて、普通の家には見るべからざる自由を与えられているらしく思われた。このまえ会った時、ある蓄財家の話が出たら、いったいあんなに金をためてどうするりょうけんだろうと言って苦笑していた。先生はこれからさき、日本政府からもらう恩給と、今までの月給の余りとで、暮らしてゆくのだが、その月給の余りというのは、天然自然にできたほんとうの余りで、用意の結果でもなんでもないのである。

⑦すべてこんなふうにでき上がっている先生にいちばん大事なものは、人と人を結びつける愛と情けだけである。ことに先生は自分の教えてきた日本の学生がいちばん好きらしくみえる。私が十五日の晩に、先生の家を辞して帰ろう

とした時、自分は今日本を去るに臨んで、ただ簡単に自分の朋友、ことに自分の指導を受けた学生に、「さようならごきげんよう」という一句を残して行きたいから、それを朝日新聞に書いてくれないかと頼まれた。先生はそのほかの事を言うのはいやだというのである。また言う必要がないというのである。同時に広告欄にその文句を出すのも好まないというのである。私はやむをえないから、ここに先生の許諾を得て、「さようならごきげんよう」のほかに、私自身の言葉を蛇足ながらつけ加えて、先生の告別の辞が、先生の希望どおり、先生の薫陶を受けた多くの人々の目に留まるように取り計らうのである。そうしてその多くの人々に代わって、先生につつがなき航海と、穏やかな余生とを、心から祈るのである。

第一段落の①「ケーベル先生は今日（八月十二日）日本を去るはずになっている。しかし先生はもう二、三日まえから東京にはいないだろう」からは「なぜ」の予測が生まれます。今日出発の予定なのに、その二、三日まえにいなくなるのはなぜかという予測です。そこから見えてくることは、ケーベル先生が見送りという虚儀虚礼を嫌う人だということです。ケーベル先生の人柄の一面がまずここで示されます。

第二段落の②「静かな先生は東京で三度居を移した。先生の知っている所はおそらくこの三軒の家と、そこから学校へ通う道路くらいなものだろう」からはケーベル先生の別の一面が明らかにされます。ここからも「なぜ」の予測が生まれます。「えっ、本当にそれしか知らなかったの？　散歩もしなかったの？　なんでまた？」という思考の流れをたどりそうです。「散歩もしなかったの？」という疑問を持った読み手にたいしては、「かつて先生に散歩をするかと聞いたら、先生は散歩をするところがないから、しないと答えた。先生の意見によると、町は散歩すべきものでないのである」という回答が示されます。一方、「なぜ？」という問いにたいする直接的な答えは示されません。しかし、文章全体を読みすすめるなかで、ケーベル先生が住んでいる場所に関心がなかった理由は、別のことに深い関心を注いでいたからだということが徐々にわかるしかけになっています。

第三段落の③「こういう先生が日本という国についてなにも知ろうはずがない。また知ろうとする好奇心をもっている道理もない」は第二段落にたたみかける内容になっています。②と同様にこの③も、かなり誇張の利いた内容です。「なぜ」すなわち「何を根拠にそこまで断言するのか」と予測したくなるところです。その予測にたいして、原文が用意している答えは、早稲田という場所の方角も、早稲田大学の創始者である大隈重信《しげのぶ》のお宅に呼ばれたことも、先生が忘れているという事実です。「私」が推測するように、当時の人なら誰でもその名を知っていた大隈伯の名さえ忘れていたとするならば、先生の日本という国にたいする関心は、はなはだ薄いといえるでしょう。

第四段落の④「私が先月十五日の夜晩餐の招待を受けた時、先生に国へ帰っても朋友がありますかと尋ねたら、先生は南極と北極とは別だが、ほかのところならどこへ行っても朋友はいると答えた」からも「なぜ」という予測が生まれますが、ここでの「なぜ」は、発言の意図にたいする「なぜ」です。「先生はなぜこんなことを言うのか？」という真意を知りたくなるわけです。それにたいする回答は、先生が場所を超越した世界観を持っていたからだということです。ケーベル先生の人柄のさまざまな側面は、このあたりから一つの人格として明確な形を取りはじめます。⑤「場所ばかりではない、時間のうえでも先生の態度はまったく普通の人と違っている」からは「どう違っているか？」という「どう」の予測です。そして、その問いにたいしてはすぐに答えが示されます。一日や二日、どこで長く過ごすかということは、先生にとってどちらでもよいことなのです。ここでもケーベル先生の超俗的な側面が垣間《かいま》見られます。

⑥「先生の金銭上の考えも、まったく西洋人とは思われないくらい無頓着である」からは「どのくらい無頓着か？」という、やはり「どう」に類する予測です。後続文脈によれば、無頓着であっても、むしろ無頓着であるからこそ、自然にお金が貯まってしまうようなのです。ケーベル先生の実生活の個別的な事柄にこだわらない側面は、場所、時間、金銭という三つの観点からまとめられます。

ここまでは無頓着といういわば否定的な側面が中心でしたが、最終段落では何に頓着しているのかという肯定的側面が語られます。それは、⑦「すべてこんなふうにでき上がっている先生にいちばん大事なものは、人と人を結びつける愛と情けだけである」に集約されます。しかし、この冒頭文は、抽象的な言葉から成り立っているのでイメージが湧きません。

「人と人を結びつける愛と情け」とは「何」か、その具体例が知りたくなるところです。

その予測の答えとして語られるのは、朋友、とくに学生にたいする愛情です。しかし、その愛情の示し方も、虚儀虚礼を嫌う先生らしく「さようならごきげんよう」で充分だというのです。しかし、この文章は『東京朝日新聞』に書かれたものですので、夏目漱石としては特定の人にたいする伝達に留《とど》めるわけにはいきません。

先生の本意にできるだけ沿いながらも、先生のことを知らない一般の読者がわかるように多少の脚色を加えてこの文章を閉じています。

そうした夏目漱石の試みは成功し、個人的な内容でありながら、一般の読者もこの文章をとおしてケーベル先生の一風変わった人柄に惹《ひ》きつけられそうです。そして、その惹きつける力の一端を「深める予測」が担っていることに、ぜひ注目してください。

順接展開の「進める予測」

「問いの予測」のなかで「深める予測」とともに重要なのが「進める予測」です。すでに二章で紹介したように、「進める予測」というのは、今読んでいる文の内容を理解したうえで、つぎの展開がどうなるのかを知ろうとする予測です。「それから」「すると」「それで」「だから」「しかし」といった接続詞になぞらえて考えるとよく理解できます。

「進める予測」は、読み手が物語の場面に没頭し、登場人物に感情移入しているときによく起こります。つぎの文章は、小林多喜二「疵《きず》」（『日本プロレタリア文学集二〇』新日本出版社）からの引用です。一つ一つの文を充分に読みこみながらも、文章の流れを止めないように一気に読みきってください。

「モップル」（赤色救援会）が、「班」組織によって、地域別に工場の中に直接に根を下し、大衆的基礎の上にその拡大強化をはかっている。

××地区の第××班では、その班会を開くたびに、一人二人とメンバーが殖えて行った。新しいメンバーがはいってくると、簡単な自己紹介があった。——ある時、四十位の女の人が新しくはいってきた。班の責任者が、

「中山さんのお母さんです。中山さんはとうとう今度市ヶ谷に廻《まわ》ってしまったんです。」

といって、紹介した。

中山のお母さんは少しモジモジしていた。

私は自分の娘が監獄《なか》にはいったからといって、救援会にノコノコやってくるのが何だかずるいような気がしてならないのですが……

娘は二三ヵ月も家にいないかと思っていると、よく所《しょ》かつの警察から電話がかかってきました。お前の娘を引きとるのに、どこそこの警察へ行けというのです。私はぎょう天して、もう半分泣きながらやって行くのです。すると娘が下の留置場から連れて来られます。青い汚い顔をして、何日いたのか身体中プーンといやなにおいをさせているのです。——娘の話によると、レポーターとかいうものをやっていて、捕《つ》かまったそうです。

ところが娘は十日も家にいると、またひょっこり居なくなるのでした。そして二三ヵ月もすると、警察から又呼びだしがきました。今度は別な警察です。私は何べんも頭をさげて、親としての監督の不行届を平あやまりにあやまって連れてきました。二度目かに娘は「お前はまだレポーターか」って、ケイサツでひやかされて口惜《くや》しかったといっていました。私はそんなことを口惜しがる必要はない。早く出て来てくれてよかったといいました。

娘が家に帰ってくると、自分たちのしている色んな仕事のことを話してきかせて、「お母さんはケイサツであんなに頭なんか下げなくったっていいんだ。」といいました。娘はどうしても運動をやめようとはしません。私もあきらめてしまいました。それから直ぐ矢張り、又いなくなったのです。ところが今度は半年以上も、消息はありません。そうなると、私は馬鹿で毎日々々警察からの知らせを心待ちに待つようになりました。（笑声）スパイが時々訪ねてくると、私は一々家の中に上げて、お茶をすすめながら、それとなしに娘のことをきくのですが、少しも分りません。――すると、八ヵ月目かにです、娘がひょっこり戻ってきました。何んだか、もとよりきつい顔になっていたように思われました。私はその間の娘の苦労を思って、胸がつまりました。それでも機嫌よく話をしていました。

私たち親子はその晩久しぶりで――一年振りかも知れません――そろって銭湯に出かけて行きました。「お母さんの背中を流してあげるわ。」この娘がいつになくそんなことをいいます。私は今までの苦労を忘れて、そんな言葉にうれしくなりました。

ところがお湯に入って何気なく娘の身体をみたとき、私はみるみる自分の顔からサーッと血の気の引いて行くのが分りました。私の様子に、娘も驚いて、「どうしたの、お母さん？」といいました。私は、どうしたの、こうしたのじゃない、まア、まア、お前の体は何んとしたことだといいました。いいながら人前だったが、私は半分泣いていた。身体中いたる所に紫色のキズがついている。

「ああ、これ?」娘は何んでもないことのように、「警察でやられたのよ」といった。

それから笑いながら、「こんな非道《ひど》い目に会うということが分ったら、お母さんはあいつらにお茶一杯のませてやるなんて間違いだということが分かるでしょう!」——それは笑いながらいったのですが、然《しか》しこんなに私の胸にピンと来たことがありませんでした。これは百の理窟《りくつ》以上です。

娘は次の日から又居なくなり、そして今度という今度は刑務所の方へ廻ってしまったのでした。私は今でもあの娘の身体のきずを忘れることが出来ません。

中山のお母さんはそういって、唇をかんだ。

物語の背景の説明となっている冒頭の部分は除き、中山さんのお母さんの語りの部分をいくつかのまとまりに分けて考えていきましょう。後続文脈の理解に役立つ「進める予測」を喚起している文には、傍線を引いて示します。

①私は自分の娘が監獄にはいったからといって、救援会にノコノコやってく

るのが何だかずるいような気がしてならないのですが……②娘は二三ヵ月も家にいないかと思っていると、よく所かつの警察から電話がかかってきました。③お前の娘を引きとるのに、どこそこの警察へ行けというのです。④私はぎょう天して、もう半分泣きながらやって行くのです。⑤すると娘が下の留置場から連れて来られます。⑥青い汚い顔をして、何日いたのか身体中プーンといやなにおいをさせているのです。⑦——娘の話によると、レポーターとかいうものをやっていて、捕かまったそうです。

最初の段落の①は、直前の文の「中山のお母さんは少しモジモジしていた」の理由に当たります。この文をきっかけに、中山さんのお母さんの語りが始まります。

第二段落から「進める予測」が本格化します。②「所かつの警察から電話がかかってきました」を、お母さんの視点で考えると、娘のことで何を言われるのだろうかと、どきどきしながら身構えて待ちそうです。そこで、③「お前の娘を引きとるのに、どこそこの警察へ行け」と言われたら、お母さんとしては行くしかありません。④「もう半分泣きながら」出かけていくわけですが、娘さんと会えるのでしょうか。⑤「すると娘が下の留置場から連れて来られ」、そこで対面するのですが、

⑥「青い汚い顔をして、何日いたのか身体中プーンといやなにおいをさせている」娘にお母さんはただならぬ気配を察します。

⑧ところが娘は十日も家にいると、またひょっこり居なくなるのでした。⑨そして二三ヵ月もすると、警察から又呼びだしがきました。⑩今度は別な警察です。⑪私は何べんも頭をさげて、親としての監督の不行届を平あやまりにあやまって連れてきました。⑫二度目かに娘は「お前はまだレポーターか」って、ケイサツでひやかされて口惜しかったといっていました。⑬私はそんなことを口惜しがる必要はない。⑭早く出て来てくれてよかったといいました。

連れて帰られた娘はおとなしくしているかと思いきや、⑧「またひょっこり居なくな」ります。そのため、仕方なくお母さんは娘の帰りを待つわけですが、⑨「二三ヵ月もすると、警察から又呼びだしがきま」す。そこで、呼びだしがかかったお母さんは警察に娘を迎えに行き、⑪「何べんも頭をさげて、親としての監督の不行届を平あやまりにあやまって連れてきま」す。しかし、その娘は反省する言葉を口にするどころか、⑫『お前はまだレポーターか』って、ケイサツでひやかされて口惜しかった」と言うのです。娘のことを案じる母としては当然小言の一つも口にしたくなるところで、⑬「私はそんなことを口惜しがる必要はない」、⑭「早く出て来てくれてよかった」と諭します。

⑮娘が家に帰ってくると、自分たちのしている色んな仕事のことを話してきかせて、「お母さんはケイサツであんなに頭なんか下げなくったっていいんだ。」といいました。⑯娘はどうしても運動をやめようとはしません。⑰私もあきらめてしまいました。⑱それから直ぐ矢張り、又いなくなったのです。⑲ところが今度は半年以上も、消息はありません。⑳そうなると、私は馬鹿で毎日々々警察からの知らせを心待ちに待つようになりました（笑声）。

しかし、娘を案じる母の言葉は娘には届きません。むしろ、お母さんを説得にかかるのです。⑮の「お母さんはケイサツであんなに頭なんか下げなくったっていいんだ」という娘の言葉にお母さんはきっと反論し、娘に運動から足を洗うように説得したでしょう。しかし、⑯「娘はどうしても運動をやめようとはし」ないのです。それにたいして、お母さんはとうとう⑰「あきらめてしまいま」す。その直後、娘は⑱「又いなくなっ」てしまいます。お母さんは娘の帰りを待つのですが、⑲「半年以上も、消息はありません」。そこで、お母さんは、娘の無事を案ずるあまり、⑳「警察からの知らせを心待ちに待つようにな」るのです。

㉑スパイが時々訪ねてくると、私は一々家の中に上げて、お茶をすすめながら、それとなしに娘のことをきくのですが、少しも分りません。㉒——すると、八ヵ月目かにです、娘がひょっこり戻ってきました。㉓何んだか、もとよりきつい顔になっていたように思われました。㉔私はその間の娘の苦労を思って、胸がつまりました。㉕それでも機嫌よく話をしていました。

㉑「スパイが時々訪ねてくると、私は一々家の中に上げて、お茶をすすめながら、それとなしに娘のことをきくのですが、少しも分りません」では、スパイから娘の情報を聞きだそうとするお母さんの涙ぐましい努力が語られます。娘を思うその努力が実ってか、㉒「八ヵ月目かにです、娘がひょっこり戻ってきま」す。しかし、娘は㉓「もとよりきつい顔になっていたよう」でした。その娘を見たときお母さんがどう思ったのでしょうか。その思いが、㉔「私はその間の娘の苦労を思って、胸

がつまりました」と描かれます。

㉖私たち親子はその晩久しぶりで――一年振りかも知れません――そろって銭湯に出かけて行きました。㉗「お母さんの背中を流してあげるわ。」㉘この娘がいつになくそんなことをいいます。㉙私は今までの苦労を忘れて、そんな言葉にうれしくなりました。

㉖では親子で「そろって銭湯に出かけて行」く姿が描かれます。ひきつづき、銭湯での描写になりそうです。銭湯で娘は母に㉗「お母さんの背中を流してあげるわ」と言います。母はどんなにか安堵《あんど》し、嬉《うれ》しく思ったことでしょう。その思いが㉙「私は今までの苦労を忘れて、そんな言葉にうれしくなりました」に描かれています。

㉚ところがお湯に入って何気なく娘の身体をみたとき、私はみるみる自分の顔からサーッと血の気の引いて行くのが分りました。㉛私の様子に、娘も驚いて、「どうしたの、お母さん？」といいました。㉜私は、どうしたの、こうし

たのじゃない、まア、まア、お前の体は何んとしたことだといいました。㉞身体中いたる所に紫色のキズがついている。
㉝いいながら人前だったが、私は半分泣いていた。

しかし、㉙のような気分はすぐに吹き飛びます。㉚「お湯に入って何気なく娘の身体をみたとき、私はみるみる自分の顔からサーッと血の気の引いて行くのが分」ったからです。ここでは、「なぜ？」という「深める予測」が働きますが、この文章は母と娘のやりとりで成り立っていますので、「どうしたの？」と娘に尋ねる「進める予測」で実現しそうです。実際の文章では、母の様子を娘が察知して、㉛「どうしたの、お母さん？」と逆に尋ねています。もちろん、母はそれに返事をすると予想されます。その返事のなかに「なぜ？」を解消する手がかりがありそうです。

お母さんは、㉜「どうしたの、こうしたのじゃない、まア、まア、お前の体は何んとしたことだ」と答えます。娘の身体の㉞「いたる所に紫色のキズがついている」のを目にしたからです。㉜のお母さんの言葉にたいして、娘はどう返すのでしょうか。

よ」といった。㉟「ああ、これ？」㊱娘は何んでもないことのように、「警察でやられたの

母さんはあいつらにお茶一杯のませてやるなんて間違いだということが分かる㊲それから笑いながら、「こんな非道い目に会うということが分ったら、お

でしょう！」㊳――それは笑いながらいったのですが、然しこんなに私の胸に

ピンと来たことがありませんでした。㊴これは百の理窟以上です。

娘は、母の言葉を軽くいなします。㊱「何んでもないことのように、『警察でや

られたのよ』といい」うのです。しかし、絶句している母にそれだけの言葉では不充

分です。娘は言葉を継ぎ、㊲「こんな非道い目に会うということが分ったら、お母

さんはあいつらにお茶一杯のませてやるなんて間違いだということが分かるでしょ

う！」と続けます。その娘の言葉にたいし、お母さんは何と言うのでしょうか。

そこでの反応は、今までとは明らかに違うものでした。娘に初めて強く共感した

のです。㊳「然しこんなに私の胸にピンと来たことがありませんでした」、㊴「こ

れは百の理窟以上です」とたたみかけられていることから、そのことがわかります。

そして、今まで娘のみを案じるだけだった弱い母が、戦前の非合法化のもとにあった共産党員の集会にまで顔を出すような強い母に変わったのです。

㊵娘は次の日から又居なくなり、そして今度という今度は刑務所の方へ廻ってしまったのでした。㊶私は今でもあの娘の身体のきずを忘れることが出来ません。

㊷中山のお母さんはそういって、唇をかんだ。

㊷「中山のお母さんはそういって、唇をかんだ」という描写でこの文章は終わっています。そうしたお母さんの様子を見ると、党員の反応を予測したくなります。党員のあいだからは拍手が起こったかもしれませんし、それにたいする慰めや共感の言葉が寄せられたかもしれません。しかし、その予測が裏切られることで、中山のお母さんがここで唇をかんだときの胸のなかに秘められた思いを、この場にいた党員たちが想像したように、読み手もまた理解過程のなかで想像することができるのです。

以上、駆け足でこの文章の流れを追ってきました。娘の無事を願う母の立場に自らを重ねることで、つぎはどうなるのだろうという新たな展開にどきどきしながらスムーズに読みすすめられたのではないでしょうか。その背後には、「進める予測」の力が隠れているのです。

逆接展開の「進める予測」

「しかし」をはじめとする逆接の接続詞の多い文章は読みにくい。そんな俗説があります。たしかに、逆接が多い文章は読みにくいことも多いのですが、読者がどのように予測をしているのかに配慮してある文章ならば、さほど読みにくくはなりません。

つぎに読むのは、ワークシェアリングについて私が書いた文章です。逆接の接続詞は五つ使っています。それでも読みにくくなっていないとすれば、そのポイントがどこにあるか、考えてみてください。

経済が悪化すると、商品を生産しても売れなくなるため、企業は労働時間を削減せざるをえません。その結果、仕事を解雇され、生活苦に陥る労働者が急増し、それが近年大きな社会問題になっています。そこで、不況になっても失業者を出さない有力な方法として、ワークシェアリングの導入の是非が最近議論されています。

ワークシェアリングとは、限られた仕事を分け合うことです。大きなケーキを切り分けたときは、一人一人がお腹いっぱい食べられますが、その半分の大きさのケーキの場合、めいめいが同じ大きさを食べようとすると、半分の人があぶれてしまいます。ケーキを全体の仕事量と考えたとき、あぶれる人を出さないために、みんな半分ずつで我慢しようというのが、ワークシェアリングの基本的な発想です。

日本では、ワークシェアリングの導入に、労使双方の根強い抵抗感がありますが、労働市場を改善し、職場をもっと働きやすい環境にするために、ワークシェアリングの導入は不可欠であると私自身は考えています。

たしかに、ワークシェアリングをおこなうと、一人あたりの労働時間が減少し、収入が低下します。それにたいして労働者が反発したくなる気持ちはわかります。しかし、不況時でも雇用が保障されているという安心感は、何ものにも変えられません。たとえ労働時間が減っても、その時間を、余暇や勉強、別の労働に当てることもできます。短縮された労働時間を積極的に活《い》かすことは充分に可能です。

また、ワークシェアリングの導入は、好況時には労働時間だけが増え、過酷な残業につながることを心配する労働者の声もあるでしょう。ところが、現状を考えてみると、過労死する労働者がいる一方で、失業を苦に自殺する労働者がいるのです。むしろ、ワークシェアリングの導入によって、高齢者や育児者、介護者などが短時間働けるようになり、労働市場は活性化するのではないでしょうか。

一方、企業からは、ワークシェアリングの導入は生産性の低下につながりかねないという懸念が聞かれます。能力が高い労働者も、そうでない労働者も、労働時間を一律に削りますので、企業としては能力の高い労働者だけを残したいというのが本音かもしれません。しかし、企業には、労働者の生活を守る社会的責任があります。また、減産のときでも、労働者の解雇を極力控えることで、その企業のブランドイメージが損なわれることが避けられるはずです。

また、労働者を一人雇うと、基本給があるため、労働時間短縮のわりには人件費削減はさほど進みませんし、労働管理の複雑化のために新たなコストがかかることも事実です。ですが、不況時には痛み分けも必要でしょう。労働者も収入を減らすわけですから、企業もある程度損失分を引き受けるべきでしょう。それに、経営が厳しいときでも解雇しない姿勢を示すことで、労働者の帰属意識や勤労意欲を高められ、企業にとってもメリットはあるはずです。

もちろん、日本でワークシェアリングを導入しようとする場合、現行の兼業規定を変え、複数の企業にまたがって働ける制度を整えなければなりませんし、同一労働同一賃金の原則の徹底をはかる必要もあるでしょう。ただ、労働時間の短縮が、雇用の維持・創出や労働市場の改善、余暇の回復につながる以上、もっと積極的に導入されてもよいと思うのです。

この文章は、全部で八段落からできています。前半の三段落には逆接の接続詞は使われていないのにたいし、後半の五段落には一つずつ逆接の接続詞が使われています。じつは、この点が、この文章を読みやすくしている一つのポイントです。

ワークシェアリングとは何かが読み手に理解され、「労働市場を改善し、職場をもっと働きやすい環境にするために、ワークシェアリングの導入は不可欠であると私自身は考えています」という書き手の立場が明確にされるまで、逆接の接続詞を使うのは避けました。そして、書き手の立場が明確になった段階で、各段落の前半は書き手と異なる立場への譲歩、各段落の後半は書き手自身の立場の主張で統一してあります。こうした構成のわかりやすさが、この文章を読みやすくしています。

この文章が読みやすいもう一つの理由は、いうまでもなく予測です。逆接の接続詞を使う場合、その直前の文で、副詞「たしかに」「もちろん」「なるほど」「むろん」、係助詞「は」「も」、文末表現「だろう」「でしょう」「かもしれない」などを使うと、その文の内容が譲歩だということがわかり、後続文脈の予測が利きやすくなるのです。そのことを原文で確かめてみましょう。

・たしかに、ワークシェアリングをおこなうと、一人あたりの労働時間が減少し、収入が低下します。それにたいして労働者が反発したくなる気持ちはわかります。しかし、不況時でも雇用が保障されているという安心感は、何ものにも変えられません。

・また、ワークシェアリングの導入は、好況時には労働時間だけが増え、過酷な残業につながることを心配する労働者の声もあるでしょう。ところが、現状を考えてみると、過労死する労働者がいる一方で、失業を苦に自殺する労働者がいるのです。

・一方、企業からは、ワークシェアリングの導入は生産性の低下につながりかねないという懸念が聞かれます。能力が高い労働者も、そうでない労働者も、労働時間を一律に削りますので、企業としては能力の高い労働者だけを残したいというのが本音かもしれません。しかし、企業には、労働者の生活を守る社会的責任があります。

・また、労働者を一人雇うと、基本給があるため、労働時間短縮のわりには人件費削減はさほど進みませんし、労働管理の複雑化のために新たなコストがかかることも事実です。ですが、不況時には痛み分けも必要でしょう。

・もちろん、日本でワークシェアリングを導入しようとする場合、現行の兼業規定を変え、複数の企業にまたがって働ける制度を整えなければなりませんし、同一労働同一賃金の原則の徹底をはかる必要もあるでしょう。ただ、労働時間の短縮が、雇用の維持・創出や労働市場の改善、余暇の回復につながる以上、もっと積極的に導入されてもよいと思うのです。

「しかし」のような逆接の接続詞を多く含む文章は、二つの対立した立場がその文章のなかに混在することを示します。そうした文章を読むとき、いったいどちらが筆者の立場なのか、混乱することが少なくありません。この文章では、逆接の接続詞のあとに筆者の立場を述べるようにしていますので読み誤りにくいのですが、現実の文章では、逆接の接続詞のあとに筆者と対立する立場が示されることもあり、想像以上に入りくんでいる場合も少なくありません。そんなとき、注目したいのが、副詞「たしかに」「もちろん」「なるほど」「むろん」、係助詞「は」「も」、文末表現「だろう」「でしょう」「かもしれない」など、逆接の予測に役立つ一連の表現です。こうした表現が逆接の接続詞とセットで示されると、逆接の接続詞の直前の文は筆者と対立する立場であり、逆接の接続詞を含む文は筆者自身の立場を示す文であることがわかります。予測に強くなることは、筆者の立場を正しく見ぬくことにもなるのです。

こうした表現は、他にも「一見～のように見える」「一部では～と思われている」「一般に～と言われることが多い」など、多岐にわたります。ぜひ、みなさんもこうした表現をいろいろ探し、筆者が自分の主張を述べる意見文の理解に強くなってください。

第四章　答えの予測とは？

「答えの予測」に価値があるジャンル

第三章では、後続文脈に問いを発する「問いの予測」について見ました。この第四章では、問いだけでなくその答えまで用意されている「答えの予測」について見ましょう。第二章で述べたように、「答えの予測」はそれほど頻繁には起きません。つぎに読む内容がすべてわかってしまっては、その文章を読む価値がなくなってしまうからです。

しかし、ジャンルによっては、答えの予測ができたほうがよい場合もあります。

一つ目は、効率よく読むことが求められているジャンルです。たとえば、新聞、論文やレポート、ビジネスの企画書や報告書などがそれに該当します。読み手はできるだけ早く結論が知りたいので、最初に答えが明かされ、そして必要があれば、細部を読むような構成になっています。

二つ目は、答えがわかっているほうが効果の高いものです。その代表は、怪談です。お化け屋敷の怖さは、おどかされるとわかっていることで効果が倍増することはみなさんご存じのとおりです。

三つ目は、予測が外されるものです。当然つぎはこうなるだろうと予測させておいて、外すことで効果が得られる文章も少なくありません。ユーモア小説やユーモア・エッセイがその典型です。笑いというのは恐怖の対極にあります。恐怖は緊張の極致から生まれ、笑いは緊張と弛緩《しかん》の落差で生まれます。予測はある種の緊張を強いるものですので、それを外してやることで笑いが生まれるのです。

この第四章では、勉強や仕事のために読む実務的な文章、すなわち新聞、論文やレポート、ビジネスの企画書や報告書などは避け、楽しみのために読む娯楽の要素の強い怪談やユーモア小説、ショートショートなどを扱います。文章をおもしろくする予測の力をぜひ味わってください。

予測が当たって怖くなる

恐怖は緊張感のなかから生まれ、緊張感は「答えの予測」から生まれます。怪談の場合、緊張感は「化けて出そう！」というときにピークに達します。

つぎの文章は、田中貢太郎《こうたろう》「おいてけ堀」（『怪奇・伝奇時代小説選集三　新怪談集』春陽文庫）からの引用です。緊張感の高まりを実際の文章のなかから感じとってみてください。

本所《ほんじょ》のお竹蔵《たけぐら》から東四つ目通、今の被服廠《ひふくしょう》跡の納骨堂のあるあたりに大きな池があって、それが本所の七不思議の一つの「おいてけ堀」であった。其《そ》の池には鮒《ふな》や鯰《なまず》がたくさんいたので、釣りに往《ゆ》く者があるが、一日釣ってさて帰ろうとすると、何処《どこ》からか、おいてけ、おいてけと云《い》う声がするので、気の弱い者は、釣っている魚を魚籃《びく》から出して逃げて来るが、気の強い者は、風か何かのぐあいでそんな音がするだろう位に思って、平気で帰ろうとすると、三つ目小僧が出たり一つ目小僧が出たり、時とすると轆轤《ろくろ》首《くび》、時とすると一本足の唐傘のお化《ばけ》が出て路《みち》を塞《ふさ》ぐので、気の強い者も、それには顫《ふる》えあがって、魚は元より魚籃も釣竿《つりざお》もほうり出して逃げて来ると云われていた。

金太《きんた》と云う釣好《つりずき》の壮佼《わかいしゅ》があった。金太はおいてけ堀に鮒が多いと聞いたので釣りに往《い》った。両国橋《りょうごくばし》を渡ったところで、知りあいの老人に逢《あ》った。

「おや、金公か、釣に往くのか、何処だ」

「お竹蔵の池さ、今年は鮒が多いと云うじゃねえか」

「彼処《あすこ》は、鮒でも、鯰でも、たんといるだろうが、いけねえぜ、彼処には、怪《えて》物《もの》がいるぜ」

金太もおいてけ堀の怪《あやし》い話は聞いていた。

「いたら、ついでに、それも釣ってくるさ。今時、唐傘のお化でも釣りゃ、良い金になるぜ」

「金になるよりゃ、頭からしゃぶられたら、どうするのだ。往くなら、他へ往きなよ、あんな縁儀《えんぎ》でもねえ処へ往くものじゃねえよ」

「なに、大丈夫ってことよ、おいらにゃ、神田明神《かんだみようじん》がついてるのだ」

「それじゃ、まあ、往ってきな。其のかわり、暗くなるまでいちゃいけねえぜ」

「魚が釣れるなら、今晩は月があるよ」

「ほんとだよ、年よりの云うことはきくものだぜ」

「ああ、それじゃ、気をつけて往ってくる」

金太は笑い笑い老人に別れて池へ往った。池の周囲《まわり》には出たばかりの蘆《あし》の葉が午《ひる》の微風にそよいでいた。金太は最初のうちこそお妖《ば》怪《け》のことを頭においていていたが、鮒が後から後からと釣れるので、もう他の事は忘れてしまって一所懸命になって釣った。そして、近くの寺から響いて来る鐘に気が注《つ》いて顔をあげた。十日比《ごろ》の月魄《つきしろ》が池の西側の蘆の葉の上にあった。

金太はそこで三本やっていた釣竿をあげて、糸を巻つけ、それから水の中へ浸《つ》けてあった魚籃をあげた。魚籃には一貫匁あまりの魚がいた。

「重いや」

金太は一方の手に釣竿を持ち、一方の手に魚籃を持った。と、何処からか人声のようなものが聞えて来た。

「おい、てけ、おい、てけ」

金太はやろうとした足をとめた。

「おい、てけ、おい、てけ」

金太は忽《たちま》ち、嘲《あざけり》の色を浮べた。

「なに云ってやがるんだ、ふざけやがるな、糞《くそ》でも啖《くら》えだ」

金太はさっさとあるいた。と、また、おい、てけの声が聞えて来た。

「まだ云ってやがる、なに云ってやがるのだ、こんな旨《うま》い鮒をおいてってたまるものけい、ふざけやがるな。狸か、狐か、口惜《くやし》けりゃ、一本足の唐傘にでもなって出て来やがれ」

金太は気もちがわるいので足はとめなかった。と、眼の前へひょいと出て来た者があった。それは人の姿であるから一本足の唐傘ではなかった。

「何だ」

鈍い月の光に眼も鼻もないのっぺらの蒼白《あおじろ》い顔を見せた。

「わたしだよ、金太さん」

金太はぎょっとしたが、まだ何処かに気のたしかなところがあった。金太は魚籃と釣竿を落とさないようにしっかり握って走った。後からまた聞えてくるおいてけの声。

「なに云やがるのだ」

金太はどんどん走って池の縁《へり》を離れた。来る時には気が注かなかったが、其《そ》処《こ》に一軒の茶店があった。金太はそれを見るとほっとした。金太はつかつかと入って往った。

「おい、茶を一ぱいくんねえ」

行燈《あんどん》のような微暗《うすぐら》い燈《ひ》のある土室《どま》の隅から老人がひょいと顔を見せた。

「さあ、さあ、おかけなさいましよ」

金太は入口へ釣竿を立てかけて、土室の横へ往って腰をかけ、手にした魚籃を脚下《あしもと》へ置いた。老人は金太をじろりと見た。

「釣りのおかえりでございますか」

「そうだよ、其所《そこ》の池へ釣に往ったが、爺《じい》さん、へんな物を見たぜ」

「へんな物と申しますと」

「お妖怪《ばけ》だよ、眼も鼻もない、のっぺらぼうだよ」

「へえェ、眼も鼻もないのっぺらぼう。それじゃ、こんなので」

老人がそう云って片手でつるりと顔を撫《な》でた。と、其の顔は眼も鼻もないのっぺらぼうになっていた。金太は悲鳴をあげて逃げた。魚籃も釣竿も其のままにして。

この文章の恐怖のピークは、いうまでもなく二度の「のっぺらぼう」の出現の箇所にあります。しかし、突然出てきてもあまり怖くはありません。**怖くするためには伏線を張ることが重要**です。

この文章の伏線の一つ目は、冒頭の段落の説明にすでに表れています。この冒頭の段落はこの文章全体の要約になっており、「おいてけ、おいてけ」という声だけでなく、「気の強い者も、それには顫えあがって、魚は元より魚籃も釣竿もほうり出して逃げて来ると云われていた」というオチまで示されているのです。しかし、ストーリーの概要がわかったからといって、この文章を読む楽しみが半減するかというと、むしろ逆なのが怪談の不思議なところです。

この文章の伏線の二つ目は、釣り好きの金太が知りあいの老人に諭されるところに表れます。しかし、気の強い金太はその説得には応じず、「ほんとだよ、年よりの云うことはきくものだぜ」という忠告にも、「ああ、それじゃ、気をつけて往ってくる」と応じています。ここで、具体的な場面での怖さの雰囲気が形作られます。

この文章の伏線の三つ目は、「金太は一方の手に釣竿を持ち、一方の手に魚籃を持った。と、何処からか人声のようなものが聞えて来た」から始まります。「おい、てけ、おい、てけ」という声が繰り返し聞こえてくるのです。いよいよ出てくるのか、と読み手が身構えるところです。

そして、いよいよ「のっぺらぼう」が出る場面になります。強がる金太もさすがに怖かったようで、「気もちがわるいので足はとめなかった」とあります。そして、「と、眼の前へひょいと出て来た者があった」と続きます。一字の接続詞「と、」が、「おい、てけ、おい、てけ」の声が聞こえはじめたときと再度聞こえてきたときの二箇所に出てきたことを憶《おぼ》えている人もいるでしょう。

つぎの「それは人の姿であるから一本足の唐傘ではなかった」とあるので、読み手は「何だろう」と思うところです。金太も「何だ」と応じるのですが、そこでいよいよ「鈍い月の光に眼も鼻もないのっぺらの蒼白い顔を見せ」ます。

「わたしだよ、金太さん」と自分の名前を呼ばれ、ぎょっとする金太ですが、そこでは何とか踏みとどまり、「魚籃と釣竿を落とさないようにしっかり握って走って逃げます。しかし、「後からまた聞えてくるおいてけの声」というダメ押しがつぎの伏線として用意されています。

金太は最初のピークを何とか乗りきり、一軒の茶店を見つけ、ほっとしてなかに入ります。しかし、敏感な読者は「来る時には気が注かなかったが」という表現に引っかかり、悪寒を覚えるかもしれません。おそらく、気が注かなかったのではなく、もともとなかったのでしょう。これは小さな伏線です。

茶店には老人が店番をしています。金太は「入口へ釣竿を立てかけて、土室の横へ往って腰をかけ、手にした魚籃を脚下へ置」きます。これもまた小さな伏線で、ここで気を緩めたのが金太の敗北の原因です。そのとき、「老人は金太をじろりと見た」の「じろり」も暗示的で、不気味な伏線として働いています。

ほっとしている金太は「其所の池へ釣に往ったが、爺さん、へんな物を見たぜ」と老人に饒舌《じょうぜつ》に話します。「へんな物と申しますと」と応じる老人にたいし、「お妖怪だよ、眼も鼻もない、のっぺらぼうだよ」と口にしてしまいます。これは明示的な伏線で、読み手はまた出るかも、という疑心暗鬼な気になります。

それにたいする老人の言葉は「へえェ、眼も鼻もないのっぺらぼう。それじゃ、こんなので」。「それじゃ、こんなので」でつぎに「のっぺらぼう」が出現することは明らかです。

「老人がそう云って片手でつるりと顔を撫でた」で、読者の緊張感は二度目のピークに達します。さきほどよりもはるかに高いピークです。

そして、またも「と、」という接続詞に導かれて、「と、其の顔は眼も鼻もないのっぺらぼうになっていた」と、のっぺらぼうが現れます。この部分はわかっていても怖いところです。

この文章は、「金太は悲鳴をあげて逃げた。魚籃も釣竿も其のままにして」で閉じられます。冒頭の段落の説明にあるとおりの事態が実現するのです。しかし、そこでは、茶屋の老人の存在までは予告されていません。それが金太や読み手の油断につながり、怖さが倍増するわけです。

怪談は声にすると怖くなりますが、文字だけだとさほど怖くないのが普通です。それを怖くするためには、伏線を綿密に張り、そのうえで化けて出る直前で「答えの予測」を利かせることが必要です。

結果がわかっているからといって、おもしろさが半減するわけではありません。刑事コロンボや古畑任三郎のように、犯人がわかっていても、その犯人を追いつめていくところに妙味のある推理ものもあるくらいです。結果に至るプロセスを盛りあげるときに、予測は強力な効果を発揮します。

予測が外れて可笑《おか》しくなる

恐怖の文章では緊張が恐怖をもたらしますが、笑いの文章では弛緩が笑いをもたらします。しかし、最初から弛緩していたのでは、へらへらした笑いにしかなりません。それをドッとくる笑いにするためには、予測で緊張を作りだし、その緊張を外して笑わせる必要があります。つぎの文章に見られるような呼吸が大切です。

昔、大学生のとき、クラブ活動で帰りが遅れ、大学の塀を乗り越えようとしたことがある。（中略）まさに乗り越えようとしていたとき、運悪く見回りの守衛に見つかってしまった。とっさに言い訳を探し、

「中に入ろうとしていたところです」

といおうとしたが、それでは逆効果だ。迷っていたら、守衛が近づいてきてこういった。

「乗り越えるなら、あそこの方が楽だよ」

土屋賢二『人間は笑う葦《あし》である』（文藝春秋）からの一節です。この文章がおかしいのは、守衛さんに怒られると思っているからです。「運悪く」「見つかってしまった」「言い訳を探し」あたりに「怒られそう」という伏線を強化する表現が隠れています。

そして、「守衛が近づいてきてこういった」の「こう」が予測を導きます。それまでの伏線から、「こう」のなかには当然怒られる内容が入るだろうと読み手は予測します。ところが、守衛さんは塀を乗り越えるためのアドバイスをくれたので、おかしく思えるわけです。これが、予測を利用した笑いの典型的なパターンです。

それでは、もう少し長いものに挑戦してみましょう。芥川《あくたがわ》龍之介「塵労《じんろう》」(『芥川龍之介全集第四巻』筑摩書房)からの引用です。

或《ある》春の午後であつた。私《わたし》は知人の田崎《たざき》に面会する為に彼が勤めてゐる出版書《しよ》肆《し》の狭い応接室の椅子に倚《よ》つてゐた。

「やあ、珍しいな。」

間もなく田崎は忙しさうに、万年筆を耳に挟んだ儘《まま》、如何《いか》がはしい背広姿を現した。

「ちと君に頼みたい事があつてね、――実は二三日保養旁《かたがた》、修善寺《しゆぜんじ》か湯河原《ゆがはら》へ小説を書きに行きたいんだが、……」

私は早速用談に取りかかつた。近々《きんきん》私の小説集が、この書肆から出版される。その印税の前借《ぜんしやく》が出来るやうに、一つ骨を折つて見てはくれまいか。――これがその用談の要点であつた。

「そりや出来ない事もないが、――しかし温泉へ行くなぞは贅沢《ぜいたく》だな。僕はまだ臍《ほぞ》の緒《を》切つて以来、旅行らしい旅行はした事がない。」

田崎は「朝日」へ火をつけると、その生活に疲れた顔へ、無邪気な羨望《せんぼう》の色を漲《みなぎ》らせた。

「何処へでも旅行すれば好《い》いぢやないか。君なぞは独身なんだし。」

「所が貧乏暇なしでね。」

　私はこの旧友の前に、聊《いささ》か私の結城《ゆふき》の着物を恥ぢたいやうな心もちになつた。

「だが君も随分《ずゐぶん》長い間《あひだ》、この店に勤めてゐるぢやないか。一体今は何をしてゐるんだ。」

「僕か。」

田崎は「朝日」の灰を落しながら、始めて得意さうな返事をした。

「僕は今旅行案内の編纂《へんさん》をしてゐるんだ。まづ今までに類のない、大規模な旅行案内を拵《こしら》へて見ようと思つてね。」

土屋賢二氏のように最初からウケを狙っている文章は、漫才や寄席を見に行くようなもので、読み手も笑う心の準備ができており、声に出して笑えるのですが、この文章を読むときは、予期せぬ展開に「にやり」という感じでしょうか。芥川龍之介らしく、伏線の張り方が巧みで細かい神経が行き届いているのが特徴です。

「私」は、出版社に務めている知人・田崎のもとを訪れます。旅行の資金として印税を前借りするためです。田崎はしぶしぶ了承しますが、「――しかし温泉へ行くなぞは贅沢だな。僕はまだ臍の緒切つて以来、旅行らしい旅行はした事がない。」とこぼします。田崎は「その生活に疲れた顔へ、無邪気な羨望の色を漲らせた」とあるように、ほんとうは旅行に行きたいのですが、「所が貧乏暇なしで」旅行にはいけないというのです。そうした旧友をまえに、「私」は自らの境遇を顧み、「聊か私の結城の着物を恥ぢたいやうな心もちにな」ります。

ところが、じつはこの文章にはオチが隠れています。「私」が「だが君も随分長い間、この店に勤めてゐるぢやないか。一体今は何をしてゐるんだ。」と尋ねると、「田崎は『朝日』の灰を落しながら、始めて得意さうな返事をした」というのです。

読み手は、この時点では「得意さうな返事」の内容は絞りきれてはいません。しかし、まさかそれはないだろうと思うものはあります。そして、田崎はそのまさかを口にするのです。「僕は今旅行案内の編纂をしてゐるんだ。まづ今までに類のない、大規模な旅行案内を拵へて見ようと思つてね。」

このときの「私」の反応はどのようなものだったのでしょうか。あっけにとられて言葉が出なかったのでしょうか。思わず吹きだしてしまったのでしょうか。いずれにしても、他人の旅行をぜいたく呼ばわりする張本人が、ぜいたくの極みともいえる大規模な旅行案内を作ろうというのですから、「私」ならずとも、田崎の言葉にツッコミを入れたくなるところです。

じつは、この文章には二つの解釈がありえ、それによってツッコむ内容も変わってきそうです。一つは、田崎はもっぱら「編纂」に携わっており、自身はまったく旅行をしていないという解釈です。もしそうだとすれば、「自分が旅行をしないのに、そんな大規模な旅行案内なんてほんとうに書けるのか」というツッコミになりそうです。

一方、「旅行らしい旅行はした事がない」という言葉を「仕事がらみの旅行しか行ったことがない」と解釈すれば、「なんだ、おまえだって社費を使ってちゃっかり旅行をしてるじゃないか」というツッコミになりそうです。いずれにしても、まじめに働く、かたぎの友人をまえに肩身の狭い思いをしていた「私」の胸のつかえが、一気に取れたことだけは間違いなさそうです。

予測が外れてホッとする

緊張から弛緩へ至る落差は笑いにつながるとは限りません。気が緩んでホッとするという安堵につながることもあります。そのことを、太宰治《だざい》「朝」(『グッド・バイ』新潮文庫)で確認してみましょう。かなり長い引用ですが、内容は難しくありませんので、一気に読めると思います。

私は遊ぶ事が何よりも好きなので、家で仕事をしていながらも、友あり遠方より来るのをいつもひそかに心待ちにしている状態で、玄関が、がらっとあくと眉《まゆ》をひそめ、口をゆがめて、けれども実は胸をおどらせ、書きかけの原稿用紙をさっそく取りかたづけて、その客を迎える。

「あ、これは、お仕事中ですね。」

「いや、なに。」

そうしてその客と一緒に遊びに出る。

けれども、それではいつまでも何も仕事が出来ないので、某所《そこ》に秘密の仕事部屋を設ける事にしたのである。それはどこにあるのか、家の者にも知らせていない。毎朝、九時頃、私は家の者に弁当を作らせ、それを持ってその仕事部屋に出勤する。さすがにその秘密の仕事部屋には訪れて来るひとも無いので、私の仕事もたいてい予定どおりに進行する。しかし、午後の三時頃になると、疲れても来るし、ひとが恋しくもなるし、遊びたくなって、頃合いのところで仕事を切り上げ、家へ帰る。帰る途中で、おでんやなどに引かかって、深夜の帰宅になる事もある。

仕事部屋。

しかし、その部屋は、女のひとの部屋なのである。その若い女のひとが、朝早く日本橋の或《あ》る銀行に出勤する。そのあとに私が行って、そうして四、五時間そこで仕事をして、女のひとが銀行から帰って来る前に退出する。

愛人とか何とか、そんなものでは無い。私がそのひとのお母さんを知っていて、そうしてそのお母さんは、或る事情で、その娘さんとわかれわかれになって、いまは東北のほうで暮しているのである。そうして時たま私に手紙を寄こして、その娘の縁談に就いて、私の意見を求めたりなどして、私もその候補者の青年と逢《あ》い、あれならいいお婿さんでしょう、賛成です、なんてひとかどの苦労人の言いそうな事を書いて送ってやった事もあった。

しかし、いまではそのお母さんよりも、娘さんのほうが、よけいに私を信頼しているように、どうも、そうらしく私には思われて来た。

「キクちゃん。こないだ、あなたの未来の旦那さんに逢ったよ。」

「そう？　どうでした？　すこうし、キザね。そうでしょう？」

「まあ、でも、あんなところさ。そりゃもう、僕にくらべたら、どんな男でも、あほらしく見えるんだからね。我慢しな。」

「そりゃ、そうね。」

娘さんは、その青年とあっさり結婚する気でいるようであった。

先夜、私は大酒を飲んだ。いや、大酒を飲むのは、毎夜の事であって、なにも珍らしい事ではないけれども、その日、仕事場からの帰りに、駅のところで久し振りの友人と逢い、さっそく私のなじみのおでんやに案内して大いに飲み、そろそろ酒が苦痛になりかけて来た時に、雑誌社の編輯者《へんしゅうしゃ》が、たぶんここだろうと思った、と言ってウイスキー持参であらわれ、その編輯者の相手をしてまたそのウイスキーを一本飲みつくして、こりゃもう吐くのではなかろうか、どうなるのだろう、と自分ながら、そらおそろしくなって来て、さすがにもう、このへんでよそうと思っても、こんどは友人が、席をあらためて僕にこれからおごらせてくれ、と言い出し、電車に乗って、その友人のなじみの小料理屋にひっぱって行かれ、そこでまた日本酒を飲み、やっとその友人、編輯者の両人とわかれた時には、私はもう、歩けないくらいに酔っていた。

「とめてくれ。うちまで歩いて行けそうもないんだ。このままで、寝ちまうからね。たのむよ。」

私は、こたつに足をつっこみ、二重廻《にじゆうまわ》しを着たままで寝た。

夜中に、ふと眼がさめた。まっくらである。数秒間、私は自分のうちで寝ているような気がしていた。足を少しうごかして、自分が足袋をはいているままで寝ているのに気附《きづ》いてはっとした。しまった！　いけねえ！

ああ、このような経験を、私はこれまで、何百回、何千回、くりかえした事か。

私は、唸《うな》った。

「お寒くありません？」

と、キクちゃんが、くらやみの中で言った。

私と直角に、こたつに足を突込んで寝ているようである。

「いや、寒くない。」

私は上半身を起して、

「窓から小便してもいいかね。」

と言った。

「かまいませんわ。そのほうが簡単でいいわ。」

「キクちゃんも、時々やるんじゃねえか。」

私は立上って、電燈《でんとう》のスイッチをひねった。つかない。

「停電ですの。」

とキクちゃんが小声で言った。

私は手さぐりで、そろそろ窓のほうに行き、キクちゃんのからだに躓《つまず》いた。キクちゃんは、じっとしていた。

「こりゃ、いけねえ。」

と私はひとりごとのように呟《つぶや》き、やっと窓のカアテンに触って、それを排して窓を少しあけ、流水の音をたてた。

「キクちゃんの机の上に、クレーヴの奥方という本があったね。」

私はまた以前のとおりに、からだを横たえながら言う。

「あの頃の貴婦人はね、宮殿のお庭や、また廊下の階段の下の暗いところなどで、平気で小便をしたものなんだ。窓から小便をするという事も、だから、本来は貴族的な事なんだ。」

「お酒お飲みになるんだったら、ありますわ。貴族は、寝ながら飲むんでしょう？」

飲みたかった。しかし、飲んだら、あぶないと思った。

「いや、貴族は暗黒をいとうものだ、元来が臆病《おくびょう》なんだからね。暗いと、こわくて駄目なんだ。蠟燭《ろうそく》が無いかね。蠟燭をつけてくれたら、飲んでもいい。」

キクちゃんは黙って起きた。

そうして、蠟燭に火が点ぜられた。私は、ほっとした。もうこれで今夜は、何事も仕出かさずにすむと思った。

「どこへ置きましょう。」

「燭台《しょくだい》は高きに置け、とバイブルに在るから、高いところがいい。その本箱の上へどうだろう。」

「お酒は？　コップで？」

「深夜の酒は、コップに注《つ》げ、とバイブルに在る。」

私は嘘を言った。

キクちゃんは、にやにや笑いながら、大きいコップにお酒をなみなみと注いで持って来た。

「まだ、もう一ぱいぶんくらい、ございますわ。」

「いや、これだけでいい。」

私はコップを受け取って、ぐいぐい飲んで、飲みほし、仰向《あおむけ》に寝た。

「さあ、もう一眠りだ。キクちゃんも、おやすみ。」

キクちゃんも仰向けに、私と直角に寝て、そうしてまつげの長い大きい眼を、しきりにパチパチさせて眠りそうもない。

私は黙って本箱の上の、蠟燭の焔《ほのお》を見た。焔は生き物のように、伸びたりちぢんだりして、うごいている。見ているうちに、私は、ふと或る事に思い到り、恐怖した。

「この蠟燭は短いね。もうすぐ、なくなるよ。もっと長い蠟燭が無いのかね。」

「それだけですの。」

私は黙した。天に祈りたい気持であった。あの蠟燭が尽きないうちに私が眠るか、またはコップ一ぱいの酔いが覚めてしまうか、どちらかでないと、キクちゃんが、あぶない。

焰はちろちろ燃えて、少しずつ少しずつ短かくなって行くけれども、私はちっとも眠くならず、またコップ酒の酔いもさめるどころか、五体を熱くして、ずんずん私を大胆にするばかりなのである。

思わず、私は溜息《ためいき》をもらした。

「足袋をおぬぎになったら？」

「なぜ？」

「そのほうが、あたたかいわよ。」

私は言われるままに足袋を脱いだ。

これはもういけない。蠟燭が消えたら、それまでだ。

私は覚悟しかけた。

焰は暗くなり、それから身悶《みもだ》えするように左右にうごいて、一瞬大きく、あかるくなり、それから、じじと音を立てて、みるみる小さくいじけて行って、消えた。

しらじらと夜が明けていたのである。

部屋は薄明るく、もはや、くらやみではなかったのである。

私は起きて、帰る身支度をした。


この文章の焦点は、「私」が酔った勢いで情事に至るかどうかというところにあります。文章中に伏線は張ってあるのですが、具体的な言葉にされないその焦点にどのあたりで気がつくかどうかが、読み手によってかなり違ってきそうです。

たとえば、太宰治の女癖の悪さはしばしば作品のなかで赤裸々に描かれています。太宰の作品に親しんでいる読者なら、つぎの二箇所のいずれかの「いけねえ」でピンときたかもしれません。


夜中に、ふと眼がさめた。まっくらである。数秒間、私は自分のうちで寝ているような気がしていた。足を少しうごかして、自分が足袋をはいているままで寝ているのに気附いてはっとした。しまった！　いけねえ！

ああ、このような経験を、私はこれまで、何百回、何千回、くりかえした事か。

私は手さぐりで、そろそろ窓のほうに行き、キクちゃんのからだに躓いた。キクちゃんは、じっとしていた。

「こりゃ、いけねえ。」

と私はひとりごとのように呟き、やっと窓のカアテンに触って、それを排して窓を少しあけ、流水の音をたてた。

この作家についての背景知識のない読者でも、つぎの二箇所のところに至ると、どこか変だということに気づくはずです。「飲んだら、あぶない」のは何が「あぶない」のか、「何事も仕出かさずにすむ」の「何事」とは何かを推論すると、話の核心に近づきます。

「お酒お飲みになるんだったら、ありますわ。貴族は、寝ながら飲むんでしょう？」

飲みたかった。しかし、飲んだら、あぶないと思った。

そうして、蠟燭に火が点ぜられた。私は、ほっとした。もうこれで今夜は、何事も仕出かさずにすむと思った。

右の二箇所で気づかなかった読者も、このあと引用する箇所に出てくる「キクちゃんが、あぶない」「ずんずん私を大胆にするばかりなのである」を含む二文を見たら、さすがに「私」の心のなかにある性的な衝動に気づくでしょう。そこに、その内容が、直接的にではないものの、はっきりと描かれているからです。さらに、その前後にある「私は、ふと或る事に思い到り、恐怖した」「私は黙した。天に祈りたい気持であった」「思わず、私は溜息をもらした」という「私」自身の行動の描写もじつに象徴的です。お酒をコップについでもらったり、ろうそくをつけてもらったりすることで、何とかだましだましここまできたわけですが、それらの効力がもはや通用しない状況になりつつあるわけです。

私は黙って本箱の上の、蠟燭の焔を見た。焔は生き物のように、伸びたりちぢんだりして、うごいている。見ているうちに、私は、ふと或る事に思い到り、恐怖した。

「この蠟燭は短いね。もうすぐ、なくなるよ。もっと長い蠟燭が無いのかね。」

「それだけですの。」

私は黙した。天に祈りたい気持であった。あの蠟燭が尽きないうちに私が眠るか、またはコップ一ぱいの酔いが覚めてしまうか、どちらかでないと、キクちゃんが、あぶない。

焰はちろちろ燃えて、少しずつ少しずつ短かくなって行くけれども、私はちっとも眠くならず、またコップ酒の酔いもさめるどころか、五体を熱くして、ずんずん私を大胆にするばかりなのである。

思わず、私は溜息をもらした。


そして、いよいよクライマックスを迎えます。言われるままに足袋を脱ぐことでさらに段階が進んでしまいます。もしここでろうそくの火が消えたら、心に弱さを抱えている「私」は性的衝動を抑えきれなくなるかもしれない。そんな予測に緊張感が高まり、読み手は思わず手に汗を握り、ろうそくの焰に意識を集中してしまいます。

「足袋をおぬぎになったら？」

「なぜ？」

「そのほうが、あたたかいわよ。」

私は言われるままに足袋を脱いだ。

これはもういけない。蠟燭が消えたら、それまでだ。

私は覚悟しかけた。

焰は暗くなり、それから身悶えするように左右にうごいて、一瞬大きく、あかるくなり、それから、じじと音を立てて、みるみる小さくいじけて行って、消えた。

ところが、ここで救いが訪れます。夜が明けて、部屋のなかの暗さが薄らいだのです。

間一髪のところでなんとか「私」は踏みとどまり、自分の弱さから周囲の人間関係を破壊することを免れます。

しらじらと夜が明けていたのである。

部屋は薄明るく、もはや、くらやみではなかったのである。
私は起きて、帰る身支度をした。

この最後の場面で、読み手の予測が外れたことがわかり、緊張は弛緩へと変わります。この弛緩は、笑いではなく、ホッとする気持ちにつながります。**笑いにせよ、安堵にせよ、予測が外れたところでオチが鮮やかに決まる**のです。

「盲点」をつくテクニック

これまでみたように、恐怖の文章、笑いの文章、安堵の文章、いずれにしても、オチをつけるのは、非常に高度な技術です。

伏線を巧みに張って緊張感を高め、最後に予測を利用してオチだということが一目で理解できるようにします。そして、**オチを述べたらくどくど説明しないでパッと切りあげるのが、読み手に心地よい読後感を与えるもっともよい方法**です。

オチの技術が問われるジャンルにショートショートがあります。ショートショートがすべてそうしたオチを備えているわけではありませんが、一つの型として確立しているのは事実でしょう。

そして、そうした技法は他のジャンルにも通じます。論文やレポートでは結論を最後に述べたなら、そのあとくどくど説明する必要はありません。エッセイでもブログでも小説でも、これだと思える表現を提示したら、そのあとはバッサリ落とすのが、文章の切れ味を増すことにつながります。

つぎのショートショートはきわめて短いものですが、そうした切れ味にかんしては抜群のセンスを感じます。

博士「いやあ、とうとう完成したぞ！　長年の研究の成果！　すばらしいメガネができた！」

助手「これまた、ずいぶん変わったメガネですね。どういった成果が……」

博士「うむ。これはな、〔災難予知メガネ〕といってな、かけるだけで、近い将来わが身にふりかかる災難が見えるんじゃ」

助手「へぇー。そうなったら、もうケガとか事故とかは、死語同然ですね」

博士「そうとも。うらやましいであろう。では、さっそく私がかけてみることに――わぁッ！」

助手「どうしました？」

博士「メガネの柄で、目を突いた……」

「そうとも。うらやましいであろう。では、さっそく私がかけてみることに――わぁッ！」という博士の言葉まで示したら、読者のみなさんはそのあとにどんな予測をするでしょうか。もちろん、メガネをかけた博士がメガネをとおして見た具体的な災難の内容を予測するでしょう。

その内容は人によって違うでしょう。交通事故に遭ってケガをした博士かもしれませんし、多額の開発費のために一文なしになって路頭に迷う博士かもしれません。助手にピストルをつきつけられメガネをよこせと脅されている博士かもしれませんし、開発したメガネを床に落として割ってしまい呆然《ぼうぜん》としている博士かもしれません。

しかし、「どうしました？」という助手の言葉に続く博士の回答は予想外なものです。「メガネの柄で、目を突いた……」。メガネをかけるまえに災難に遭うとは誰も予想できなかったのではないでしょうか。

この文章は、星新一編『ショートショートの広場２』（講談社文庫）に掲載されている輝鷹《きたか》あち氏の「盲点」という作品です。この「盲点」というタイトルも振っています。この予測の外し方はまさに「盲点」です。「盲点」というタイトルを見てもオチはわからないのですが、オチを見てからこのタイトルを見ると、なるほどと納得させられます。ショートショートのタイトルとしては出色の出来でしょう。

こうした予測の「盲点」をつくテクニックは誤解誘導と呼ばれます。誤解を誘導するためには、書き手が完全に読み手の立場になりきることが必要で、これは非常に難しいことです。その意味で、誤解誘導の使い手は例外なく高度な文章技術を備えています。

第五章　予測の表現効果とは？

書くことと予測

予測は読むときに働くものですが、予測を意識することがもっとも大切なのは、むしろ書くときかもしれません。よい書き手はよい読み手です。**文章を書くのが上手な人は、読み手の立場に立って推敲《すいこう》する術に長《た》けています。**

一生懸命書いているときは、自分のアイデアを紙のうえにまとめることに必死で、なかなか読み手のことにまで頭が回りません。また、執筆直後は、書いたときに考えた知識が頭のなかにあふれていて、書き手よりもはるかに知識が少ない読み手が自分の文章をどう読むか、想像することは困難です。しかし、ある程度時間が経って自分の文章を見なおしてみると、読み手にとってどこがわかりにくいのかが次第に見えてきます。

そうしたスッキリした頭で推敲ができると、自分の書いた文章を、格段に読み手に優しいものに変えることができます。そうした推敲のときの一つの物差しとして、予測はたいへん役に立ちます。

予測が利きにくく、スムーズに読めない文章は、どこかに問題が隠れています。その原因を発見し、うまく手直しすることが推敲のコツといってもよいでしょう。この第五章では、書くということも視野に入れた、予測の表現効果について考えます。

構成を予告する

予測の表現効果として第一に考えたいのは、後続の文章構成を予告し、読み手に内容を整理して頭に入れさせる効果です。

日本語は文の終わりに述語が来る言語で、文末に言いたいことがきます。その影響か、文章でも、結末に言いたいことがくる傾向があります。しかし、情報化社会の進展がそうした悠長な文章構成を許さなくなってきました。欧米のテクニカル・ライティングが普及するにつれ、最初に言いたいことを言うことが求められるようになってきています。

そこで必要になるのは、**文章の枠をはじめに示し、その枠の詳細をあとから埋め**

る技術です。つぎの文章は、「ＭＯＴＴＡＩＮＡＩ（もったいない）運動」を提唱したことでも知られるノーベル平和賞受賞者のワンガリ・マータイ氏のインタビューを、白戸《しらと》圭一氏が編集した新聞記事（「マータイ通信　アフリカの貧困からの脱出　債務帳消しし教育投資を」『毎日新聞』二〇〇五年五月二日朝刊）です。

アフリカはなぜ貧しいのか。また、何がどう貧しいのか。この問題には多様な側面と理由があります。ここでは四つの理由を挙げましょう。

第一にアフリカ人には知識と技術が欠けているので、大陸内の資源を有効利用することができません。例えば、人々は相変わらず古い農業技術で自給用作物を生産している。農作物の輸出では情報の欠如により、アフリカ人ではない仲買人に利益を持っていかれます。畑を耕して収穫するのはアフリカ人ですが、そこから利益を得るのは知識と技術を持ったアフリカ人ではない人々です。

次に、こうして利益を得る海外の投資家は、アフリカの指導者や人々を守るべき立場にある政府高官と汚職によって結びつき、腐敗と不公平な資源の分配が国中にはびこります。アフリカでは富は少数の指導者と海外の投資家によって分配され、多数の人々が貧しいまま据え置かれるのです。

第三に、アフリカ各国の政府は世界銀行や国際通貨基金（ＩＭＦ）などの国際機関から多額の融資を受けてきました。資金は効率的かつ適切に使われず、政府はその返済に多額の国家予算を費やし、国民に十分なサービスを提供できなかった。貧しい人々は子供を学校へ通わすことができず、政府は予算不足で教育の無料化を実現できず、不適切な金の支出に忙しいのです。

最後に最初に述べたことと重なりますが、知識と技術の欠如ゆえにアフリカ人は科学技術を生み出すことができない。その結果、付加価値を作り出すことができないのです。木材なら単に材木を輸出するだけで、加工された木工品の利益は外国に取られ、アフリカ人の手元には少ない利益しか残りません。

こうした四つの理由が重なり、アフリカは貧しいのです。私たちは教育と科学技術に投資する必要があります。アフリカ各国の政府がこうした問題に取り組めるよう、7月の主要国首脳会議の場では先進諸国が対アフリカ債権の帳消しを考慮してほしいと思います。

アフリカの市民社会が強さを増し人々が声を上げるようになったので、アフリカ各国の政府はかつてほど抑圧的で腐敗したものではなくなってきています。状況は変わりつつあり、現在の政府が債務を免除されてチャンスを与えられるならば、教育や科学技術への投資は可能だと思います。
アフリカの政府は「良き統治」を続けなければなりません。政府が国際社会からお金を「盗む」ようなまねをすれば、アフリカの救済について関心を持つ人はいなくなるでしょう。

この文章の特徴は、「アフリカはなぜ貧しいのか。また、何がどう貧しいのか」というきわめて興味深い問いを冒頭で端的に示していることです。この文章のポイントが一目でわかりますし、この問いの答えを知りたい気持ちにかられます。そして、「この問題には多様な側面と理由があります。ここでは四つの理由を挙げましょう」として、その理由が四点あることが示されます。これによって、読み手が後続文脈をどう読めばよいか、はっきりとした心構えができあがります。後続の段落の冒頭は、「第一に」「次に」「第三に」「最後に」で始まり、それぞれの段落でその四点の理由が示されることがはっきりとわかります。パソコンにたとえれば、「アフリカが貧しい状況と理由」という大きなフォルダに四つの段落からなる下位フォルダがあり、それに「第一に」「次に」「第三に」「最後に」という名前がついているイメージです。単純な構造ではありますが、だからこそ読みやすいともいえるでしょう。

じつは、個々の段落の下位フォルダの内容は、かならずしもわかりやすくありません。「第一に」「次に」のフォルダは、先頭の一文を見れば内容がだいたいわかるのですが、「第三に」「最後に」のフォルダは、段落の先頭の文を見ただけではよく理解できません。「第三に、アフリカ各国の政府は世界銀行や国際通貨基金（ＩＭＦ）などの国際機関から多額の融資を受けてきました」や「最後に最初に述べたことと重なりますが、知識と技術の欠如ゆえにアフリカ人は科学技術を生み出すことができない」だけでは不充分で、段落全体の内容を読まなければ、なぜ「第三に」「最後に」なのかわからないのです。

しかし、それでも段落の最後まで読めば、「アフリカが貧しい状況と理由」の「第三に」「最後に」であることがわかります。逆にいうと、「第三に」「最後に」があるからこそ、この話はこうつながるはずだという確信を持って読めるのです。そうしたトップダウン処理を可能にするのも予測の力です。

「最後に」のあとは、「こうした四つの理由が重なり、アフリカは貧しいのです」とこれまでの内容がまとめられ、その現状への問題意識を下敷きにして、だから何をどうすべきかが後続文脈で明確に語られます。

文章というのは一本の線ですが、後続する文章の構成を予告する文や、先行する文章の内容をまとめる文、「第一に」「次に」「第三に」「最後に」のような指標によって文章が立体的に理解できるようになっています。**このような表現はメタ言語表現と呼ばれ、文章を構造化する重要な働きを担っています。**

意味のまとまりを作る

「第一に」「次に」「第三に」「最後に」でまとめられ、それぞれが一段落で示されているような単純な構造の文章は読みやすいのですが、実際の文章の多くはこれほど単純ではありません。パソコンで文書を整理しようとすると、フォルダのなかに下位のフォルダが入り、その下位のフォルダのなかにさらにその下位のフォルダが入ることがあります。文章でも同じようなことが起こります。

文章というのはたいへん長く、意味が複雑に絡みあうものです。そのため、数文のまとまりを単一の方法でしか表せない段落に頼るだけでは、理解はうまくいきません。そこで、読み手は、段落という形式によるまとまりだけでなく、意味によるまとまりもあわせて意識し、その両面から理解を進めていくことになります。しかし、この意味によるまとまりはどのように意識されているのでしょうか。

意味によるまとまりの終わりの部分は比較的とらえやすいものです。文末表現「のです」「わけです」「と言えます」「と思われます」などのついた文が段落の終わりにあると、そこに書き手の主張が含まれていることがわかり、そこまでが意味のまとまりであることがわかるからです。

こうした表現はいわばカギカッコの終わりに当たるもので、カギカッコのはじめに当たるものもなければ、意味のまとまりにはなりません。じつは、この**カギカッコのはじめに当たるのが、予測を生みだす表現**なのです。この表現を意識すると、文章のなかの意味的まとまりが確実にとらえられるようになり、読解力が向上します。こうしたとらえ方は、国語の教科書や入試問題に出てくる説明文や評論文でとくに大きな効果を発揮します。

つぎの文章は、西垣通『こころの情報学』（ちくま新書）からの引用です。文章のなかに見られる意味のまとまりと、そのまとまりを生みだす予測を意識して、通読してみてください。

論理的システムとして「機械の心」をコンピュータ上に実現しようという人工知能学者の野望を待っていたのは、さまざまな困難でした。技術的困難はいろいろありますが、それらは省略し、ここでは原理的困難についてごく簡単に紹介しておきましょう。専門的には「フレーム問題」と呼ばれる難問です。

大ざっぱに言えば、フレーム問題とは、コンピュータに文脈や状況を理解させ、コンピュータが状況に応じて適切な回答を出力したり、すばやく行動を起こしたりするためには、具体的にいかなる問題を解かねばならないかを示すものです。以下、よく知られた例にそって説明していきましょう。

——電池で動くロボット（コンピュータ）があるとします。予備の電池がしまってある部屋に、ある日、まもなく爆発するようにセットされた時限爆弾が仕掛けられました。ロボットはいかにして自分の電池を救えばよいでしょうか？

ロボットはただちに部屋に行きます。部屋のなかには一台のワゴンがあり、電池はそのワゴンの上に置いてありました。ロボットはいかにして電池を救いだすかを「思考」しはじめます。「電池がワゴンの上に置いてあり、ワゴンは動かすことができる」という知識がロボットのメモリーに入っていたので、ロボットはワゴンを部屋から引きだしました。

爆弾が爆発する前に、電池はめでたく部屋から外に運びだされました。けれども、実は爆弾もワゴンの上にあったのです。ロボットは爆弾がワゴンの上にあることを知っていたのですが、ワゴンを引きだすと、電池だけでなく爆弾も外に運びだすことになるとは分からなかったのでした……。

つまり、このロボットは、自分の行動の直接引き起こす結果（ワゴンを引きだせば電池は部屋から出る）については演繹《えんえき》したのですが、副次的に引き起こす結果（ワゴンを引きだせば爆弾も外に出る）については演繹しなかったわけです。

この失敗に懲りて、ロボットは、行動の結果として副次的に得られる結果も演繹するように再設計されました。すると、ロボットはあらゆる副次的結果の演繹にとりかかります。まず、ワゴンを引きだしても部屋の壁の色は変わらないだろうということを演繹し、次に、ワゴンを引けば車輪が回転するだろうという結果の証明にとりかかりました。その時でした、爆弾が爆発したのは……。

そこで今度は、ロボットは次のように再設計されました。まず、当面の目標について関係のある結果と関係のない結果を区別し、ついで関係のない結果は無視するという機能をもつようになったのです。さて、今度はどうなったか。――驚いたことに、ロボットは部屋に入ろうともせず、じっとうずくまったままでした。このロボットは、時限爆弾がついに爆発するまで、結局何ひとつ行動を起こさなかったのです。なぜか？――ロボットはうずくまったまま、忙しく「思考」していたのでした。無関係な結果を探し出してそれを無視するという作業を繰り返していたのです。実際、ワゴンを引きだしても無関係な結果はいくらでもあります。車輪が回転して床に一ミリの筋がつくとか、太陽は東からのぼるとか、重力の法則は変わらないとか……。

まったく馬鹿馬鹿しい笑い話です。しかし、コンピュータに文脈や状況を判断させようとすると、このフレーム問題に突き当たらざるをえません。ヒトはある状況のもとで、ごく自然に問題を「構成」します。今問題となっている、注目すべきことは何なのかを一瞬にして選びとり、そして行動を起こすことによってその問題がいかにして解決されるかを直感的にすばやく判断します。

しかし、コンピュータにはこれができないのです。コンピュータに可能なのは、記号を使って明記された論理命題を形式的に組み合わせ、別の論理命題をみちびくことのみです。したがって、「機械の心」には、全宇宙、森羅万象についてのあらゆる知識命題を入力しなくてはならないでしょう。こんなことはできそうにありませんが、たとえできたとしても、かえって愚かなロボットのごとく自分の予備電池さえ守れない、という次第になるわけです。「言葉をしゃべる機械」を作ろうとすると、同じような問題がたちまち現れます。次にこれも有名な例をあげましょう。

暑い日、帰宅してメイド・ロボットに「冷蔵庫のなかに水はないかね。」と尋ねたとします。すると驚くべき返事が返ってきました。「あります。ナスの細胞のなかにあります。」というのです……。

メイド・ロボットは「正しい思考」をおこなったのでした。たしかに「ナスが冷蔵庫のなかにある。」「ナスは細胞から構成されている。」「細胞には一定の割合で水分が含まれている。」といった論理命題から演繹すれば、こういう答が返ってくることは大いに考えられるでしょう。しかし、ヒトはそんな答を期待したのではありません。「水はありませんがビールならあります。」とか、「ありませんが、ミネラル・ウォーターなら近くのコンビニで売っています。」といった答が欲しいわけです。

「言葉をしゃべる機械」や「機械の心」の製作が容易でないことは、右に述べたわずかの例を引くだけでも推察できるでしょう。多くの人工知能研究者は、こうして否応《いやおう》なく、ヒトと機械の根源的な相違に直面させられたのでした。

予測によってどのように意味のまとまりが生みだされているか、前から順に確認していきましょう。

①論理的システムとして「機械の心」をコンピュータ上に実現しようという人工知能学者の野望を待っていたのは、さまざまな困難でした。②技術的困難はいろいろありますが、それらは省略し、ここでは原理的困難についてごく簡単に紹介しておきましょう。③専門的には「フレーム問題」と呼ばれる難問です。

④大ざっぱに言えば、フレーム問題とは、コンピュータに文脈や状況を理解させ、コンピュータが状況に応じて適切な回答を出力したり、すばやく行動を起こしたりするためには、具体的にいかなる問題を解かねばならないかを示すものです。⑤以下、よく知られた例にそって説明していきましょう。

冒頭の①から、この文章の最初の話題が『機械の心』をコンピュータ上で実現する」ことだとわかります。そして、この文で予測を生みだす力になっているのは「さまざまな困難」という言葉です。これを見た読み手は「どんな困難だろう」と想像することになります。この「さまざまな困難」という言葉は、②で「原理的困難」、③で「フレーム問題」と言い換えられ、「困難」の意味が徐々に絞られていきます。ただし、最初の段落では「困難」の内容は明らかになっていません。

第二段落に入るとすぐ、④で「フレーム問題」という言葉が定義され、冒頭の「困難」の内容が明らかになります。ここまでで最初の意味のまとまりができあがりますが、説明自体はここで終わりません。「フレーム問題」がなぜ「原理的困難」なのかがわからないからです。

⑤では、「フレーム問題」がよく知られた例にそって説明することが予告されます。「フレーム問題」が「原理的困難」になる理由を知るために、しばらく「フレーム問題」の一連の説明につきあうことにするか。読み手はここでこんな気持ちになるはずです。

⑥――電池で動くロボット（コンピュータ）があるとします。⑦予備の電池

がしまってある部屋に、ある日、まもなく爆発するようにセットされた時限爆弾が仕掛けられました。⑧ロボットはいかにして自分の電池を救えばよいでしょうか？

⑨ロボットはただちに部屋に行きます。⑩部屋のなかには一台のワゴンがあり、電池はそのワゴンの上に置いてありました。⑪ロボットはいかにして電池を救いだすかを「思考」しはじめます。⑫「電池がワゴンの上に置いてあり、ワゴンは動かすことができる」という知識がロボットのメモリーに入っていたので、ロボットはワゴンを部屋から引きだしました。

⑬爆弾が爆発する前に、電池はめでたく部屋から外に運びだされました。⑭けれども、実は爆弾もワゴンの上にあったのです。⑮ロボットは爆弾がワゴンの上にあることを知っていたのですが、ワゴンを引きだすと、電池だけでなく爆弾も外に運びだすことになるとは分からなかったのでした……。

⑯つまり、このロボットは、自分の行動の直接引き起こす結果（ワゴンを引きだせば電池は部屋から出る）については演繹したのですが、副次的に引き起こす結果（ワゴンを引きだせば爆弾も外に出る）については演繹しなかったわけです。

⑤で予測された「フレーム問題」の具体例の説明は長く、読みすすめる過程でいくつかのステップに分かれていることが見えてきます。⑥で始まる第三段落は、最初のステップの説明を開始するものです。この段落の末尾の⑧「ロボットはいかにして自分の電池を救えばよいでしょうか？」は問題提起の疑問文で、「問いの予測」を誘発します。

この「問いの予測」がいったん閉じられるのは⑯です。⑮の「のでした……。」で事態の終結が示され、⑯の「つまり～わけです」でこの最初のステップの要約が示されます。

⑰この失敗に懲りて、ロボットは、行動の結果として副次的に得られる結果も演繹するように再設計されました。⑱すると、ロボットはあらゆる副次的結果の演繹にとりかかります。⑲まず、ワゴンを引きだしても部屋の壁の色は変わらないだろうということを演繹し、次に、ワゴンを引けば車輪が回転するだろうという結果の証明にとりかかりました。⑳その時でした、爆弾が爆発したのは……。

㉑そこで今度は、ロボットは次のように再設計されました。㉒まず、当面の目標について関係のある結果と関係のない結果を区別し、ついで関係のない結果は無視するという機能をもつようになったのです。㉓さて、今度はどうなったか。㉔——驚いたことに、ロボットは部屋に入ろうともせず、じっとうずくまったままでした。㉕このロボットは時限爆弾がついに爆発するまで、結局何ひとつ行動を起こさなかったのです。㉖なぜか？㉗——ロボットはうずくまったまま、忙しく「思考」していたのでした。㉘無関係な結果を探し出してそれを無視するという作業を繰り返していたのです。㉙実際、ワゴンを引きだしても無関係な結果はいくらでもあります。㉚車輪が回転して床に一ミリの筋がつくとか、太陽は東からのぼるとか、重力の法則は変わらないとか……。

⑧「ロボットはいかにして自分の電池を救えばよいでしょうか？」の「問いの予測」は⑯で解消されたわけではありません。ロボットは最初の段階では自分の電池を救うことに失敗したからです。そこで、第七段落の⑰から二番目のステップに移ることが予告され、最初の失敗を生かしてロボットは再設計されます。しかし、それは演繹作業に時間がかかりすぎて失敗したことが⑳からわかります。そこでさら

に、第八段落の㉑では三番目のステップに移行することが予告され、前回の失敗を克服するように再設計しなおされますが、それもまた思考に時間がかかりすぎて失敗に終わります。三度の失敗の終わりがいずれも、「……。」で閉じられているのが象徴的です。

⑤で予測され、⑥から始まった「フレーム問題」の具体例の説明は、三番目のステップが失敗に終わる㉚で終わります。しかし、それがわかるのは、つぎの段落の冒頭の㉛を見てからです。⑧「ロボットはいかにして自分の電池を救えばよいでしょうか？」という問いの答えは、当初予測した「こうすれば救える」という形ではなく、「ロボットが自分の電池を救う方法はない」という形で示されていたからです。つまり、三度の失敗は、「こうやってもだめ」「そうやってもだめ」「ああやってもだめ」→「どうやってもだめ」という論理で導かれているのです。

㉛まったく馬鹿馬鹿しい笑い話です。㉜しかし、コンピュータに文脈や状況を判断させようとすると、このフレーム問題に突き当たらざるをえません。㉝ヒトはある状況のもとで、ごく自然に問題を「構成」します。㉞今問題となっている、注目すべきことは何なのかを一瞬にして選びとり、そして行動を起こ

することによってその問題がいかにして解決されるかを直感的にすばやく判断します。

㉟しかし、コンピュータにはこれができないのです。㊱コンピュータに可能なのは、記号を使って明記された論理命題を形式的に組み合わせ、別の論理命題をみちびくことのみです。㊲したがって、「機械の心」には、全宇宙、森羅万象についてのあらゆる知識命題を入力しなくてはならないでしょう。㊳こんなことはできそうにありませんが、たとえできたとしても、かえって愚かなロボットのごとく自分の予備電池さえ守れない、という次第になるわけです。

⑥から㉚までの「フレーム問題」の長大な具体例は㉜でまとめられ、㉝からはその具体例のまとめに入ります。㉝はちょっとわかりにくいかもしれませんが、そのまとめの冒頭に位置し、「フレーム問題」に「原理的困難」が伴う理由を予測させる文です。この文のもとで、ヒトとコンピュータが比較され、ヒトには簡単にできることが「機械の心」では実現がきわめて困難であるという結論へと導かれます。そして、㊳の「という次第になるわけです」という表現で、冒頭から始まった「機械の心」という長い話題が閉じられ、この文章のもっとも大きな意味のまとまりが、

読み手に意識されます。

㊴「言葉をしゃべる機械」を作ろうとすると、同じような問題がたちまち現れます。㊵次にこれも有名な例をあげましょう。

㊶暑い日、帰宅してメイド・ロボットに「冷蔵庫のなかに水はないかね」と尋ねたとします。㊷すると驚くべき返事が返ってきました。㊸「あります。ナスの細胞のなかにあります」というのです……。

㊹メイド・ロボットは「正しい思考」をおこなったのでした。㊺たしかに「ナスが冷蔵庫のなかにある」「ナスは細胞から構成されている」「細胞には一定の割合で水分が含まれている」といった論理命題から演繹すれば、こういう答が返ってくることは大いに考えられるでしょう。㊻しかし、ヒトはそんな答を期待したのではありません。㊼「水はありませんがビールならあります」とか、「ありませんが、ミネラル・ウォーターなら近くのコンビニで売っています」といった答が欲しいわけです。

㊴からは「機械の心」の話題から離れ、それとは異なる、しかし強い関連のある

「言葉をしゃべる機械」の話題に移ります。

㊴の「同じような問題」は「どんな問題だろう」という予測を生みだす表現で、冒頭の段落の「機械の心」における「フレーム問題」を思いおこします。また、㊵の「有名な例」は、⑤の「よく知られた例」と対応する表現です。ここでもまた、意味のまとまりが始まることを予測します。㊴と㊵の二つの予測から、これから始まる展開が、①から㊳までの文章展開と並行したものであることがわかるでしょう。「有名な例」自体は「機械の心」の例ほど長くはなく、㊶から始まる一段落のなかで終結します。㊸にあるように、例の終わり方もまた「……。」です。そして、「機械の心」のときと同様、例にたいする解釈が後続の㊹から始まる段落でおこなわれ、㊼の文末表現「わけです」で閉じられます。

㊽「言葉をしゃべる機械」や「機械の心」の製作が容易でないことは、右に述べたわずかの例を引くだけでも推察できるでしょう。㊾多くの人工知能研究者は、こうして否応なく、ヒトと機械の根源的な相違に直面させられたのでした。

㊽は、「機械の心」と「言葉をしゃべる機械」の製作の過程で起きた二つの「フレーム問題」をまとめ、さらに㊾は、①「論理的システムとして『機械の心』をコンピュータ上に実現しようという人工知能学者の野望を待っていたのは、さまざまな困難でした」という文と呼応し、ここに引用した文章全体をまとめる働きを担っています。

この文章はまさに、フォルダのなかにフォルダが入り、さらにそのフォルダのなかに別のフォルダが入るという複雑な構造を持っています。それを簡単にまとめておきましょう。

まず、引用された文章全体が一つのフォルダであり、そのなかに、「機械の心」と「言葉をしゃべる機械」の二つのフォルダがあります。その二つのフォルダにはそれぞれ、問題提起のフォルダと、具体例のフォルダと、まとめのフォルダが入っています。そして、相対的に長い「機械の心」のフォルダには、さらに小さいフォルダがいくつか含まれているのです。たとえば、具体例のフォルダには、失敗その一、失敗その二、失敗その三という三つのフォルダが入っています。

私たちがこの文章の構造を理解できていることが奇跡的なことに思えてきます。

しかも、このフォルダ構造は、全体像をあらかじめ見せられたわけではありません。私たちがこの文章を前から順に一文ずつ読み、その内容を理解するプロセスのなかで徐々に頭のなかに作りあげたものです。

そんな不思議なことができるのはなぜでしょうか。それは、私たちが、**予測によって意味の箱のようなものを頭のなかに作り、その箱が埋まったら片づけ、また別の意味の箱を作るという作業を繰り返して文章を理解している**からです。しかも、その箱は入れ子式になっていて、中に入っている小さい箱はしまっても、大きな箱は残しておき、そのなかに別の小さい箱を新たに作るということもできるのです。

箱を作り、箱をしまうのが上手な人は、頭のなかの整理が上手な人で、理解のツボを外すことがありません。一方、箱を作るのが下手な人、箱をしまうのが下手な人は、文章をとおして頭のなかに入ってきた文字列を整理できず、理解の収拾がつかなくなってしまいます。予測を鍛えれば、長くて複雑な文章でも、頭のなかの箱を使って上手に整理できるようになります。それもまた、予測の一つの効用です。

文章のタメを作る

予測は、文章の構造を整理して示すだけでなく、内容を読み手に印象づける働きがあります。言い換えると、予測にはタメを作り、つぎにくる内容に注目させる表現効果があるのです。

文章が上手な人、あるいは、人前で話すのが上手な人は、このタメの作り方が巧みです。一例として、宮崎駿《はやお》氏の初監督映画としても知られる『ルパン三世　カリオストロの城』（制作　東京ムービー新社）を取りあげてみましょう。

ルパン三世は有名な大泥棒ですが、『カリオストロの城』では、城に幽閉されたカリオストロ家のお姫様・クラリスを救いだすことに命がけで取り組みます。そして、そのルパンのことをクラリスは好きになるのです。

ラスト・シーンは、アニメの名場面集にはかならず取りあげられる有名な場面です。ルパンはお姫様を無事に救いだしたあと、クラリスに別れを告げます。クラリスは一緒に行きたいと願いますが、それをルパンがなだめて立ち去ります。そこへ、宿敵ルパン逮捕に人生のすべてを賭《か》ける銭形警部がやってきて、クラリスと言葉を交わすシーンです。

銭形警部「くそー、一足遅かったか！　ルパンめ、まんまと盗みおって。」

クラリス「いいえ、あの方は何も盗《と》らなかったわ。私のために戦ってくださったのです。」

銭形警部「いや、奴はとんでもないものを盗んでいきました。」

クラリス「……」

銭形警部「あなたの心です。」

クラリス「（笑顔になって）はいっ！」

銭形警部「では、失礼します。（ウインク）」

これが名セリフとしてアニメ界で語り継がれている秘密は情報の提示順にあります。もし銭形警部のセリフが「いや、奴はあなたの心を盗んでいきました。」であったとしたら、このセリフの効果はほぼゼロでしょう。銭形警部「いや、奴はとんでもないものを盗んでいきました。」として、視聴者に「とんでもないもの」って何だろうと思わせ、また、当のクラリスも息をのんでつぎの言葉を待つというタメがあって、「あなたの心です。」と続くから、見ているほうはグッとくるのです。

これは、話すときだけでなく、書くときにも、読み手の注意を惹《ひ》きつけるのに使える手法です。作り方はつぎのとおりです。

・奴はあなたの心を盗んでいきました。
↓
①連体修飾表現または実質的な内容を持つ名詞をつぎの文に移動する。
・奴は〜を盗んでいきました。あなたの心です。
↓
②もとの文の名詞を実質的な内容を持たないものにする。
・奴はものを盗んでいきました。あなたの心です。
↓
③もとの文の名詞に読み手の注意を引く形容詞をつける。
・奴はとんでもないものを盗んでいきました。あなたの心です。

注意を引く形容詞（形容動詞も含みます）と実質的な内容を持たない名詞のペア

でよく使われるのは、「おもしろい話」「興味深い体験」「重大な事実」「悲惨な光景」などです。こうした表現をあらかじめ示し、タメを作るようにすると、そのあとに伝える内容にたいする読み手の集中力が格段に上がるのです。

以上は映画のワンシーンでしたが、このタメが文章でどのように表されるか、実際の文章で確認してみましょう。つぎに紹介するのは、向井万起男《むかいまきお》というお医者さんの書いた「アメリカに入国する時」(『片手の音——'05年版ベスト・エッセイ集』文藝春秋)という文章です。傍線部にタメが感じられます。注意して感じとってください。

私にはチョット変わった趣味があります。「アメリカに入国する」という趣味。

アメリカに出掛けて観光旅行を楽しむのが趣味という人はけっこういるでしょうね。でも、私の趣味はそういうことではないんです。アメリカ国内で観光旅行を楽しむ前の段階、つまり、「アメリカに入国する」という行為が趣味になってしまってるんです。普通の人にとっては飛行機から降り立ってからの単なる事務的手続きに過ぎないことが……。

飛行機でアメリカに着いた私は、もちろん入国係官と相対することになります。それが普通ですもんね。でも、その普通のことが、私の場合は普通ではない展開になってしまうんですよ、いつも。

まず、私を見た入国係官は必ず怪訝《けげん》な顔をします。オカッパ頭にヒゲをはやした私の容貌《ようぼう》が気になるんでしょう。〝なんだ、コイツは？　ヤケに変わった人相だな〟というわけです。でも、入国係官はプロなので、そんなことを口に出したりはしません。不審な思いを噛《か》み殺して、もっともらしい質問を私にするだけです。

「今回のアメリカ入国の目的は？」

私は、もちろん正直に答えます。入国係官に嘘なんてつくわけにはいかないじゃないですか。

「アメリカで仕事をしている女房に会いに来ました」

「うん？……君の奥さんはアメリカで何をしているんだね？」

「私の女房は宇宙飛行士なので、アメリカで宇宙飛行の訓練をしてるんです」

ここで、重苦しい沈黙が必ず訪れます。入国係官は私の顔をジッと見つめたまま、迷い始めるのです。〝こんな変わった人相のヤツが宇宙飛行士の亭主だなんてホントだろうか？　いや、そんなはずないよな。コイツは嘘をついてるに違いない。……でも、嘘をつくにしても、こんな見え透いた嘘をつくなんてヤツがいるわけないから、ひょっとするとホントなのかもなぁ〟。私も入国係官の顔をジッと見つめたまま、考えてます。〝この入国係官はオレの言ってることを信じてくれるかなぁ。それとも、いつものように信じてくれないのかなぁ〟。この、どっちに転ぶかわかんない一瞬の間というのは、けっこう緊張します。

結局、私はいつも信じてもらえませんが、どういうわけか入国はさせてもらえます。しかし、その後が大変。ふざけた嘘をついたヤツに対する仕返しみたいに、荷物のチェックを徹底的にやられるんです。バッグはすべて開けられるし、ポケットの中も探られるし、財布の中身も全部みられちゃいます。すべての手続きを終えて解放された私は、いつも呟《つぶや》いてます。〝あぁ、疲れた。でも、平々凡々なオレの人生には、こういうヴィヴィッドな瞬間がたまにはあった方がイイんだよな、刺激があって〟。

この文章は「私にはチョット変わった趣味があります」という文で始まります。

読み手はここで立ち止まります。「チョット変わった趣味」って何だろうと思うわけです。ここに小さなタメが生まれます。

その趣味の内容は次の文『「アメリカに入国する」』という趣味」ですぐに明かされます。ところが、この文は「アメリカに入国する」ことがなぜ趣味になるかわからないために、かえって「チョット変わった趣味」の内容をより掘りさげたくなるのです。そして、「アメリカ国内で観光旅行を楽しむ前の段階、つまり、『アメリカに入国する』という行為が趣味になってしまってるんです」という文でこの内容が繰り返され、このタメを軸にストーリーが展開されることが宣言されます。

「チョット変わった趣味」で示されるタメは、つぎの段落の「でも、その普通のことが、私の場合は普通ではない展開になってしまうんですよ、いつも」という文の「普通ではない展開」に受けつがれ、具体性を帯びはじめます。

「普通ではない展開」は小さな「深める予測」の繰り返しによって徐々に明らかにされていきます。「まず、私を見た入国係官は必ず怪訝な顔をします」からは「どうして」という予測が、「不審な思いを嚙み殺して、もっともらしい質問を私にするだけです」からは「どんな質問」という予測が、「私は、もちろん正直に答えます」からは「何と」という予測が、「アメリカで仕事をしている女房に会いに来ました」からは「どんな仕事」という予測がそれぞれ生じます。そして、最後に「私の女房は宇宙飛行士」で、「アメリカで宇宙飛行の訓練をして」いることが明かされます。

読み手はここで、書き手がどんな人物か確認したくなるはずです。アメリカで宇宙飛行の訓練をしている女性など、そうそういるわけではないからです。「向井」という名字を見て、書き手の向井万起男さんが、日本人初の女性宇宙飛行士である向井千秋《ちあき》さんの夫であることにピンときた人も少なくないでしょう。

しかし、「普通ではない展開」はここからが本番です。このさきを読まないと、なぜアメリカ入国が「チョット変わった趣味」になるのか、わからないでしょう。直後の「ここで、重苦しい沈黙が必ず訪れます」の一文が「普通ではない展開」の訪れを告げます。

「普通ではない展開」は「入国係官」と「私」の見つめあいのなかで進行します。「入国係官は私の顔をジッと見つめたまま、迷い始めるのです」から生じる予測は「何を」迷うかです。その内容は直後で説明されます。一方、「私も入国係官の顔をジッと見つめたまま、考えてます」から生じる予測は「何を」考えるかです。この内容も直後で説明されます。二人のあいだに漂う、言葉にならない緊迫感が「チョット変わった趣味」の正体です。

その後、書き手は入国を認められるものの、「大変」なことになります。何が「大変」なのか、予測をしながら読んでみると、バッグ、ポケットのなかから財布の中身に至るまで、徹底的に荷物のチェックをされるのです。これも含めて「普通ではない展開」であり、「チョット変わった趣味」でしょう。これが「趣味」になりうるのは、書き手には後ろめたいところがなく、逮捕・拘束されないということがわかっているからでしょう。

こうして、文章の冒頭で導入された「チョット変わった趣味」がすっきりと明かされ、大きなタメがなくなった段階で「呟き」とともに書き手の感想が述べられ、文章が閉じられます。

タメを作るこうしたレトリックは、専門的には未決とよばれます。この未決は読み手を引きつけるだけでなく、読み手に考えさせるレトリックとしても有効です。

タメというものは作りすぎるとかえって間《ま》が持たなくなることがあり、そのさじ加減が難しいのですが、大事な情報に読み手の注意を向けさせながら、機が熟するまでそれを隠しつづけるという情報秘匿の技術が、ときに有効であるということは、知っておいて損はないと思います。

行間を読ませる

「行間を読む」という言葉があります。しかし、この言葉を見て、「ないものをいったいどう読むのだろう」と思う人もいるでしょう。日本語の「読む」には、じつはないものも読むという意味が含まれています。日常会話で、「場の空気を読め」「話の流れを読め」と言われることがあります。これは「察する」という意味です。また、将棋や囲碁の棋士はつぎの手を読み、評論家は時代のさきを読みます。そこには「予測する」という意味が含まれています。「行間を読む」というのもまさにこの意味です。予測しながら読んでいると、あるべきものがないことに気づきます。そこで、**ないものを読み手が補って推論することが「行間を読む」ことの内実**です。

行間を読むという行為を、つぎの文章で具体的に確認してみましょう。三島由紀《ゆき》夫《お》『金閣寺《きんかくじ》』（新潮文庫）の最後の場面です。生来の吃音《きつおん》にたいして強いコンプレックスを持ち、人間関係に悩む主人公の溝口は、父の影響で金閣寺の美のとりこになり、金閣寺の青年僧になります。しかし、友人関係、異性関係、師弟関係のいずれでも挫折《ざせつ》を経験した溝口は、その幻想的な美によって自分を支配しつづける金閣寺を焼きはらうことを決意し、実行に移すのです。

つぎに紹介するラスト・シーンは、放火を実行し、現場から必死で逃走したあとの場面です。

身を起して、はるか谷間の金閣のほうを眺め下ろした。異様な音がそこからひびいて来た。爆竹のような音でもある。無数の人間の関節が一せいに鳴るような音でもある。

ここからは金閣の形は見えない。渦巻いている煙と、天に沖《ちゅう》している火が見えるだけである。木の間をおびただしい火の粉が飛び、金閣の空は金砂子《きんいさご》を撒いたようである。

私は膝《ひざ》を組んで永いことそれを眺めた。

気がつくと、体のいたるところに火ぶくれや擦り傷があって血が流れていた。手の指にも、さっき戸を叩《たた》いたときの怪我とみえて血が滲《にじ》んでいた。私は遁《のが》れた獣のようにその傷口を舐《な》めた。

ポケットをさぐると、小刀と手巾《しゅきん》に包んだカルモチンの瓶とが出て来た。それを谷底めがけて投げ捨てた。

別のポケットの煙草が手に触れた。私は煙草を喫《の》んだ。一ト仕事を終えて一服している人がよくそう思うように、生きようと私は思った。


行間を感じるところはいくつかあります。

たとえば「私は膝を組んで永いことそれを眺めた」という文を読むと、憧憬《しょうけい》の象徴であり憎悪の対象でもあった美しい金閣寺の焼失をどのような気持ちで眺めていたのか。溝口の胸に去来した思いをつぎに予測したくなります。

また、「私は遁れた獣のようにその傷口を舐めた」という文を読むと、どんな味がしたのか、どんな痛みが走ったか、つぎに予測したくなります。

さらに、小刀とカルモチンの瓶（自殺に使われる毒薬です）を「谷底めがけて投げ捨てた」という文を読むと、なぜ投げ捨てる気持ちになったのか、つぎに予測したくなります。

そして、「一ト仕事を終えて一服している人がよくそう思うように、生きようと私は思った」という文を読むと、なぜ燃えている金閣寺をまえにして生きようという決意が湧いてきたのか、つぎに予測したくなります。

このように、予測は行間の存在を気づかせ、読みを深めるきっかけを与える効果があるのです。

しかし、これらの予測は後続文脈において実現することはなく、行間はすべて読み手が埋めなければなりません。行間を正確に埋めるには、この作品全体を読まなければならないでしょうが、しかし、作品全体を読んだ人でも、その行間の埋め方はそれぞれの作品理解によって異なるでしょう。

予測は行間の存在を知る手がかりとなり、行間を埋める方向性を示してくれるものですが、行間を埋める具体的内容は読み手自身が決めます。第二章で述べたように、文章理解は、文章を介した読み手と書き手の疑似対話です。対話ですから、読み手が変われば対話の内容も変わりますし、変わってよいと思います。

大切なことは予測をとおして行間の存在に気づくことです。行間の存在に気づき、その行間を埋める工夫をしはじめた瞬間から、書き手との対話が始まるのです。

文章世界に引きこむ

本書をまとめるにあたり、予測のもっとも根源的な表現効果を紹介したいと思います。それは、文章世界に引きこむという効果です。

「深める予測」では足りない情報を知りたいという気持ちが、「進める予測」ではつぎの展開を知りたいという気持ちが、予測という形で現れます。読み手が予測をする背後には、続きを知りたいという衝動があるのです。その衝動が強ければ強いほど、その文章から目を離せなくなっていきます。

そこで、文章を書くにあたって「謎」が大切になってきます。**文章理解とは問題解決過程、すなわち「謎」を解く過程**だからです。最後に紹介する文章は、夏目漱石「変な音」（『夏目漱石全集一〇』ちくま文庫）です。ここでは、入院患者の耳に障る「変な音」が何なのか、それを知りたいと思って読みすすめるうちに自然に文章世界に引きこまれ、読みに深まりが生まれます。長い文章ですので、いくつかに区切って解説を加えながら読みすすめていくことにしましょう。

うとうとしたと思ううちに眼が覚めた。すると、隣の室《へや》で妙な音がする。始めは何の音ともまたどこから来るとも判然《はっきり》した見当がつかなかったが、聞いているうちに、だんだん耳の中へ纏《まと》まった観念ができてきた。何でも山葵《わさび》おろしで大根《だいこ》かなにかをごそごそ擦っているに違ない。自分は確《たしか》にそうだと思った。それにしても今頃何の必要があって、隣りの室で大根おろしを拵《こしら》えているのだか想像がつかない。

「自分」は目が覚めたとき、「妙な音」の存在に気づきます。「妙な音」と記されることで読み手も注意を引かれ、何の音か知りたくなります。「自分」は、はじめは何の音かわからなかったのですが、聞いているうちに「纏まった観念」が生まれます。「纏まった観念」とは何か、予測をしながらつぎを読むと、わさびおろしで大根かなにかをおろしている音だと説明されています、しかし、なぜ大根おろしが必要なのか、「自分」には見当がつきません。読み手も「自分」に視点を重ね、となりの部屋では誰が何をしているのだろうと気になり、それが予測につながります。

いい忘れたがここは病院である。賄《まかない》は遥《はる》か半町も離れた二階下の台所に行かなければ一人もいない。病室では炊事割烹《かっぽう》は無論菓子さえ禁じられている。まして時ならぬ今時分何しに大根《だいこ》おろしを拵えよう。これはきっと別の音が大根おろしのように自分に聞えるのにきまっていると、すぐ心の裡《うち》で覚ったようなものの、さてそれならはたしてどこからどうして出るのだろうと考えるとやッぱり分らない。

「自分」によれば、ここは病院であり、台所がそばにない病室で、しかも朝から大根をおろしているわけがありません。それでは、大根をおろす音に聞こえた音は何だろうかと「自分」も読み手も思います。それが予測につながりますが、その答えははっきりしません。読み手は、書き手の「自分」とともにいったい何の音だろうかと想像をめぐらせます。

自分は分らないなりにして、もう少し意味のある事に自分の頭を使おうと試みた。けれども一度耳についたこの不可思議な音は、それが続いて自分の鼓膜に訴える限り、妙に神経に祟《たた》って、どうしても忘れる訳に行かなかった。あたりは森《しん》として静かである。この棟《むね》に不自由な身を託した患者は申し合せたように黙っている。寝ているのか、考えているのか話をするものは一人もない。廊下を歩く看護婦の上草履《うわ》の音さえ聞えない。その中にこのごしごしと物を擦り減らすような異《い》な響だけが気になった。

何の音でもいいじゃないか。もっと意味のあることを考えよう。そう「自分」は考えるのですが、妙な音が耳について離れません。ほかに何の物音もしない病室なので、この音の響きばかりが気になります。「自分」に視点を重ねる読み手も、その妙な音に注意を向けざるをえなくなります。

自分の室《へや》はもと特等として二間つづきに作られたのを病院の都合で一つずつに分けたものだから、火鉢などの置いてある副室の方は、普通の壁が隣の境になっているが、寝床の敷いてある六畳の方になると、東側に六尺の袋戸棚があって、その傍《わき》が芭蕉布《ばしょうふ》の襖《ふすま》ですぐ隣へ往来《ゆきかよい》ができるようになっている。この一枚の仕切をがらりと開けさえすれば、隣室で何をしているかはたやすく分るけれども、他人に対してそれほどの無礼をあえてするほど大事な音でないのは無論である。折から暑さに向う時節であったから縁側は常に明け放したままであった。縁側は固《もと》より棟《むね》いっぱい細長く続いている。けれども患者が縁端《えんばた》へ出て互を見透《みとお》す不都合を避けるため、わざと二部屋毎に開き戸を設けて御互の関とした。それは板の上へ細い桟を十文字に渡した洒落《しゃれ》たもので、小使が毎朝拭《ふき》掃除をするときには、下から鍵《かぎ》を持って来て、一々この戸を開けて行くのが例になっていた。自分は立って敷居の上に立った。かの音はこの妻戸の後《うしろ》から出るようである。戸の下は二寸ほど空《す》いていたがそこには何も見えなかった。

「自分」は変な音が気になるので、その音の発信源を確かめたいとは思うのですが、なかなか確かめることができません。その理由を説明するために、ここでは部屋の構造の説明にかなり紙幅が割かれています。隣室の患者のプライバシーを侵してまで確かめる気にはなれず、わかる範囲でそれとなく確かめようとするのですが、なかなかうまくいきません。読み手も「自分」に視点を重ねて、隣室をのぞき見ますが、そこには何も見えないことがわかります。

この音はその後《ご》もよく繰返された。ある時は五六分続いて自分の聴神経を刺激する事もあったし、またある時はその半《なかば》にも至らないでぱたりとやんでしまう折もあった。けれどもその何であるかは、ついに知る機会なく過ぎた。病人は静かな男であったが、折々夜半《よなか》に看護婦を小さい声で起していた。看護婦がまた殊勝な女で小さい声で一度か二度呼ばれると快よい優しい「はい」と云《い》う受け答えをして、すぐ起きた。そうして患者のために何かしている様子であった。

この音は繰り返し聞かれますが、結局その音の正体はわからずじまいで終わります。変な音の話がここで完全に終わるとは思えませんが、一旦《いったん》は棚上げになりそうな雰囲気です。読み手は、「自分」によっていつかこの音の正体が解き明かされるときがくるまで待つことになります。

話題は隣室の病人と看護婦に移り、読み手もそちらの話題に関心を向けます。

ある日回診の番が隣へ廻《まわ》ってきたとき、いつもよりはだいぶ手間がかかると思っていると、やがて低い話し声が聞え出した。それが二三人で持ち合ってなかなか捗取《はかど》らないような湿り気を帯びていた。やがて医者の声で、どうせ、そう急には御癒《おなお》りにはなりますまいからと云った言葉だけが判然《はっきり》聞えた。それから二三日して、かの患者の室にこそこそ出入りする人の気色がしたが、いずれも己れの活動する立居を病人に遠慮するように、ひそやかにふるまっていたと思ったら、病人自身も影のごとくいつの間にかどこかへ行ってしまった。そうしてその後《あと》へはすぐ翌《あく》る日から新しい患者が入って、入口の柱に白く名前を書いた黒塗の札が懸易《かけか》えられた。例のごしごし云う妙な音はとうとう見極わめる事ができないうちに病人は退院してしまったのである。そのうち自分も退院した。そうして、かの音に対する好奇の念はそれぎり消えてしまった。

隣室の病人の病状はどうやら重篤のようです。しかし、その病人も退院し、「自分」も退院します。例の音にたいする関心は消えたとあります。後続の文章では一旦別の話題に移ると思われますが、いずれまた変な音の話に戻ってきそうな予感がします。

三ヵ月ばかりして自分はまた同じ病院に入った。室《へや》は前のと番号が一つ違うだけで、つまりその西隣であった。壁一重隔てた昔の住居《すまい》には誰がいるのだろうと思って注意して見ると、終日かたりと云う音もしない。空《あ》いていたのである。もう一つ先がすなわち例の異様の音の出た所であるが、ここには今誰がいるのだか分らなかった。自分はその後《のち》受けた身体《からだ》の変化のあまり劇《はげ》しいのと、その劇しさが頭に映って、この間からの過去の影に与えられた動揺が、絶えず現在に向って波紋を伝えるのとで、山葵おろしの事などはとんと思い出す暇もなかった。それよりはむしろ自分に近い運命を持った在院の患者の経過の方が気にかかった。看護婦に一等の病人は何人いるのかと聞くと、三人だけだと答えた。重いのかと聞くと重そうですと云う。それから一日二日して自分はその三人の病症を看護婦から確《たし》めた。一人は食道癌であった。一人は胃癌であった、残る一人は胃潰瘍《いかいよう》であった。みんな長くは持たない人ばかりだそうですと看護婦は彼らの運命を一纏めに予言した。

ここでは、音にたいする関心はひとまず脇に置かれ、隣室の患者の病状に関心が向けられています。入院した場合、自分自身の病状はもとより、周囲の患者の病状も気になるものです。自分の病状を他人の病状になぞらえたり比較したりして一喜一憂します。ここでは、病人のそうした微妙な心理と、それにたいする感覚が麻痺《まひ》している看護婦の心理が対比的に描かれています。

自分は縁側に置いたベゴニアの小さな花を見暮らした。実は菊を買うはずのところを、植木屋が十六貫だと云うので、五貫に負けろと値切っても相談にならなかったので、帰りに、じゃ六貫やるから負けろと云ってもやっぱり負けなかった、今年は水で菊が高いのだと説明した、ベゴニアを持って来た人の話を思い出して、賑《にぎ》やかな通りの縁日の夜景を頭の中に描きなどして見た。

ここでは、「自分」の微妙な病人心理が描かれます。周囲から聞こえてくる言葉や耳に入ってくる物音は、一般社会から隔絶された病院特有のものばかりでしょうから、それにばかり触れていると気が滅《め》入《い》るでしょう。聴覚的な刺激を抑え、視覚的な刺激を一般社会から持ちこむことで、かろうじて精神的な平衡を保とうとする姿が描かれます。

やがて食道癌の男が退院した。胃癌の人は死ぬのは諦《あきら》めさえすれば何でもないと云って美しく死んだ。潰瘍の人はだんだん悪くなった。夜半に眼を覚すと、時々東のはずれで、附添《つきそい》のものが氷を摧《くだ》く音がした。その音がやむと同時に病人は死んだ。自分は日記に書き込んだ。――「三人のうち二人死んで自分だけ残ったから、死んだ人に対して残っているのが気の毒のような気がする。あの病人は嘔気《はきけ》があって、向うの端からこっちの果《はて》まで響くような声を出して始終げえげえ吐いていたが、この二三日それがぴたりと聞えなくなったので、だいぶ落ちついてまあ結構だと思ったら、実は疲労の極《きょく》声を出す元気を失ったのだと知れた。」

「自分」が病室で聞いていた音は例の「変な音」ばかりではありません。闘病中の患者が発する苦しみの声も何度も耳にしていました。病状が悪化し再入院した「自分」にとって、同じ病棟の患者の苦しみはけっして人ごとではなかったことが日記の記述から見て取れます。

その後《のち》患者は入れ代り立ち代り出たり入ったりした。自分の病気は日を積むにしたがってしだいに快方に向った。しまいには上草履を穿《は》いて広い廊下をあちこち散歩し始めた。その時ふとした事から、偶然ある附添の看護婦と口を利くようになった。暖かい日の午過食後《ひるすぎ》の運動がてら水仙の水を易《か》えてやろうと思って洗面所へ出て、水道の栓を捩《ねじ》っていると、その看護婦が受持の室の茶器を洗いに来て、例の通り挨拶《あいさつ》をしながら、しばらく自分の手にした朱泥の鉢と、その中に盛り上げられたように膨れて見える珠根《たまね》を眺めていたが、やがてその眼を自分の横顔に移して、この前御入院の時よりもうずっと御顔色が好《よ》くなりましたねと、三ヵ月前の自分と今の自分を比較したような批評をした。

「この前って、あの時分君もやはり附添でここに来ていたのかい」

「ええつい御隣でした。しばらく○○さんの所におりましたが御存じはなかったかも知れません」

幸運にも、「自分」の病状は快方に向かいます。そして、病室の外を散歩するようになると、偶然の出会いがあります。それは「変な音」がした部屋に付き添いで来ていた看護婦さんでした。

○○さんと云うと例の変な音をさせた方の東隣である。自分は看護婦を見て、これがあの時夜半に呼ばれると、「はい」という優しい返事をして起き上った女かと思うと、少し驚かずにはいられなかった。けれども、その頃自分の神経をあのくらい刺激した音の原因については別に聞く気も起らなかった。で、ああそうかと云ったなり朱泥の鉢を拭《ふ》いていた。すると女が突然少し改まった調子でこんな事を云った。

「あの頃あなたの御室で時々変な音が致しましたが……」

自分は不意に逆襲を受けた人のように、看護婦を見た。看護婦は続けて云った。

「毎朝六時頃になるときっとするように思いましたが」

いよいよ気になる「変な音」について聞く機会がめぐってきたのですが、「自分」は何となく聞く気にはならず、聞かずに済まそうとします。ところが、物語は予期しない方向へと展開します。その付き添いの看護婦から、逆に「自分」がそのとき立てていた音について聞かれたのです。「自分」は隣人の音が気になっていたのですが、どうやら先方も「自分」の音が気になっていたようなのです。「自分」はそれに答えなければなりません。ここで新たに加わった音の謎がまた、読み手の予測となって後続文脈に意識が向かいます。

「うん、あれか」と自分は思い出したようについ大きな声を出した。「あれはね、自働革砥《オートストロップ》の音だ。毎朝髭《ひげ》を剃《そ》るんでね、安全髪剃《かみそり》を革砥《かわど》へかけて磨《と》ぐのだよ。今でもやってる。嘘だと思うなら来て御覧」

看護婦はただへえと云った。だんだん聞いて見ると、○○さんと云う患者は、ひどくその革砥の音を気にして、あれは何の音だ何の音だと看護婦に質問したのだそうである。看護婦がどうも分らないと答えると、隣の人はだいぶん快《い》いので朝起きるすぐと、運動をする、その器械の音なんじゃないか羨《うらや》ましいなと何遍も繰り返したと云う話である。

この段落の冒頭文は、『うん、あれか』と自分は思い出したようについ大きな声を出した」です。この文は情報のタメにつながり、読み手の意識がさらに「自分」の立てた音に集中するところです。

「自分」が、そのとき出していた音は、安全かみそりを磨ぐ音だと言います。看護婦の話によると、隣室の患者さんは、その音を聞いて、「自分」が快方に向かっている音と理解して、うらやましく思っていたというのです。

「そりゃ好いが御前の方の音は何だい」

「御前の方の音って？」

「そらよく大根《だいこ》をおろすような妙な音がしたじゃないか」

「ええあれですか。あれは胡瓜《きゅうり》を擦ったんです。患者さんが足が熱《ほて》って仕方がない、胡瓜の汁《つゅ》で冷してくれとおっしゃるもんですから私《わたし》が始終擦って上げました」

「じゃやっぱり大根おろしの音なんだね」

「ええ」


そこまで話をされると、「自分」も隣室の患者の立てていた音を聞かずにはいられなくなります。ここでも、「そりゃ好いが御前の方の音は何だい」「御前の方の音って？」「そらよく大根をおろすような妙な音がしたじゃないか」というやりとりのなかに情報のタメが見られます。焦《じ》らされると、余計に知りたくなるのが読み手の心理です。

その結果、例の音はきゅうりを擦っていた音だとわかります。きゅうりの汁は足を冷やすのに使っていたそうです。

「そうかそれでようやく分った。——いったい○○さんの病気は何だい」

「直腸癌です」

「じゃとてもむずかしいんだね」

「ええもうとうに。ここを退院なさると直《じき》でした、御亡くなりになったのは」

自分は黙然としてわが室《へや》に帰った。そうして胡瓜の音で他《ひと》を焦らして死んだ男と、革砥の音を羨ましがらせて快《よ》くなった人との相違を心の中で思い比べた。

その隣室の患者が退院後すぐに亡くなったと聞き、「自分」は何とも言えない気持ちで自室に戻ります。隣室の患者が立てていた音と自分が立てていた音、隣室の患者のその後と自分のその後を比べて、「自分」は何を思ったのでしょう。思った内容はここでは描かれず、予測を外して終わっています。その結果、物語には何とも言えない余韻が残り、きっとその場で「自分」が二人の相違に思いを馳《は》せたように、読み手もまた読後に二人の相違に思いを馳せることになるのです。

病室で生活している患者にとって、音は、健康な生活をしていたころとは比較にならないほど重要な意味を持つことがこの文章からわかります。入院中に耳にする音、声、言葉は、自らの病状と心理に直結し、大きな影響を与えるものだということが、夏目漱石の鋭い観察眼から伝わってきます。その観察眼を効果的に伝えるのに、「変な音」をめぐる予測が貢献していることは間違いありません。

文章というのは問題解決過程です。しかし、一つの問題が終わったらそれで終わりというのでは文章に深みが生まれません。

隣室から聞こえてきた「変な音」が何であったか。それにたいする答えが示されることは重要ですが、それだけでは単純すぎて文章としての厚みに欠けるでしょう。この文章では、隣室で「変な音」のする部屋で付き添いをしていた看護婦の言葉から、「自分」もじつは「変な音」を立てていて、それが隣室の患者の心理に大きな影響を与えていたことに気づかされます。そして、その二つの音と、その背後にいる二人の患者の境遇をひき比べた結果、そこに新たな問いが生じたのです。

しかし、その答えは示されず、読み手は自分でその答えを探さなければなりません。そして、その答えを探す過程で、文章全体の内容を振り返り、病室の病人一人一人の複雑な心理についての洞察が深まります。

優れた文章は、重層性のある問いが有機的に関連してできています。そして、その問いを解き明かそうと予測を重ねるうちに、その文章世界に引きこまれ、読みが広がっていくのです。

この文章には「問いの予測」も「答えの予測」も関わっています。「深める予測」も「広げる予測」も関わっています。「タメを作る」技術も「行間を読ませる」技術も関わっています。多様な予測が可能な文章は、精読に値する深みを備えています。

このような深みのある文章に出会ったとき、予測を活かして文章に主体的に問いかけ、その答えを主体的に見いだす力が身につけば、読解力は確実に向上します。本書で紹介した予測という考え方を、みなさん自身の今後の読書に活かしてくださることを期待しています。

この本に登場した文章例

サンキュータツオ『もっとヘンな論文』KADOKAWA
土屋賢二『われ笑う、ゆえにわれあり』文藝春秋
映画『ホーホケキョ　となりの山田くん』お母さん・まつ子のセリフ／制作　スタジオジブリ
石黒圭「懐中電灯」
石黒圭「秋」
相馬御風「幽霊の足」『日本の名随筆　別巻六七　子供』作品社
山本有三『路傍の石』新潮文庫
村上春樹『世界の終りとハードボイルド・ワンダーランド』新潮文庫
石川達三『青春の蹉跌』新潮文庫
司馬遼太郎『国盗り物語』新潮文庫
伊藤左千夫『野菊の墓』新潮文庫
佐藤春夫『都会の憂鬱』新潮文庫

夏目漱石「ケーベル先生の告別」『硝子戸の中』角川文庫
小林多喜二「疵」『日本プロレタリア文学集二〇』新日本出版社
石黒圭「ワークシェアリングについて」
田中貢太郎「おいてけ堀」『怪奇・伝奇時代小説選集三　新怪談集』春陽文庫
土屋賢二『人間は笑う葦である』文藝春秋
芥川龍之介「塵労」『芥川龍之介全集第四巻』筑摩書房
太宰治「朝」『グッド・バイ』新潮文庫
星新一編『ショートショートの広場2』より、輝鷹あち「盲点」講談社文庫
ワンガリ・マータイ氏のインタビュー（白戸圭一編集）「マータイ通信　アフリカの貧困からの脱出　債務帳消しし教育投資を」『毎日新聞』二〇〇五年五月二日
西垣通『こころの情報学』ちくま新書
映画『ルパン三世　カリオストロの城』銭形警部のセリフ／制作 東京ムービー新社
向井万起男「アメリカに入国する時」『片手の音——'05年版ベスト・エッセイ集』文藝春秋
三島由紀夫『金閣寺』新潮文庫
夏目漱石「変な音」『夏目漱石全集一〇』ちくま文庫

おわりに

文章の読み方の本を書いてほしい。丁寧に書かれた字と熱意がぎっしり詰まった手紙が届いたのは、昨年の九月です。差出人は、ちくまプリマー新書編集部の四條《しじょう》詠子《えいこ》さんでした。その時点で『「読む」技術　速読・精読・味読』（光文社新書）の原稿がほぼ完成しており、内容の重複を恐れて一旦《いったん》はお断りしたのですが、「予測に特化した本で」という四條さんのご提案で、おもしろいものが書けると判断し、お引き受けしました。

私の博士論文は文章理解の予測（『日本語の文章理解過程における予測の型と機能』ひつじ書房）ですが、分量も多いうえに内容が専門的で、一般むけではありません。そこで、今回内容を大きく組み替え、例文などもすべて新しくすることを目指しました。

予測の場合、収録する例文が命なのですが、その収集に難航しました。結果として、長さもジャンルも執筆者も時代も多岐にわたってしまいましたが、それもまた本書のおもしろさだと思って楽しんでいただければと思います。
文章理解のしくみは脳というブラックボックスのなかにあり、まだまだわからないことだらけです。若いみなさんが本書を読み、将来そのしくみの解明にご尽力くだされば、筆者としてそれに勝る喜びはありません。その解明に挑戦してくださる方が一人でも誕生することを、予測はできませんが、心から願っています。

二〇一〇年六月　SDG

石黒　圭

文庫版あとがき

本書の内容は、二〇一〇年に筑摩書房から『「予測」で読解に強くなる！』というタイトルでちくまプリマー新書として刊行されたものに基づきます。今回、KADOKAWA編集部の竹内祐子さんが見いだしてくださり、新たに文庫として刊行される運びとなりました。

私自身は一九九五年に早稲田大学大学院文学研究科の博士課程に入学し、一三年かけて二〇〇八年に博士号を取得しました。その内容は『日本語の文章理解過程における予測の型と機能』（ひつじ書房）にまとめられているのですが、八〇〇〇円＋税という一般の方にまず手に取っていただけない価格の本であり、そのダイジェスト版として『「予測」で読解に強くなる！』を書きました。直前の「おわりに」に書いたとおりです。ところが、絶版のため、古書店で、高額な博士論文以上の額で取り引きされるようになってしまいました。それが、今回の刊行でふたたび多くの方の手に取っていただける環境が整い、ほっと胸をなで下ろしています。

せっかくいただいた機会ですので、前著『「予測」で読解に強くなる！』から、内容を思いきって改編しようかとも思ったのですが、いざ部分的に手を入れはじめたところ、もともとの文章が備えていた微妙なバランスが崩れることがわかったので、あきらめざるをえませんでした。

ただ、改稿時点の現代性を反映させたかったので、本書冒頭の「文庫版はしがき」で、サンキュータツオ氏の近著『もっとヘンな論文』を引用させていただきました。

タツオ氏はゼミの後輩で、早稲田大学で十年以上にわたって私が担当していた「日本語をみがく」という授業のTA（ティーチング・アシスタント）を最初の数年間担当してくれていました。また、当時、彼は笑いの研究に没頭しており、笑いという観点から私の予測研究に興味を持ってくれたことも懐かしく思いだします。

タツオ氏は『もっとヘンな論文』のあとがきで「私に研究の楽しさを教えてくれた」として三人の師を挙げています。その三人のうちの二人、中村明先生と野村雅昭先生は私の師でもあります。中村明先生は私に文章予測研究の指導をしてくださった研究指導教員、野村雅昭先生は私が博士号を取得するときに主査を務めてくださった論文指導教員です。そしてもう一人、私の予測研究の出発点となった『文の姿勢の研究』（明治図書出版、二〇一三年ひつじ書房より復刊）という名著をお書きになり、私の博士論文を終始応援してくださった林四郎先生のお名前を、この場で読者のみなさまにご紹介できることを嬉しく存じます。いずれも、現在、私が所属する国立国語研究所のOBであり、不思議なご縁を感じています。

ご縁と言えば、『もっとヘンな論文』の編集者の麻田江里子さんと、本書の刊行を支援してくださった編集者の竹内祐子さんは、ふだん向かいあって座って仕事をしておられるのだそうです。「縁は異なもの味なもの」とは言いえて妙です。

本書を通読された読者もまた、本書との出会いに縁を感じていただけ、また、筆者である私との対話を楽しんでいただけたとしたら、それほど嬉しいことはありません。本書をとおして、読者のみなさまと新たなご縁ができることを心から願いつつ、文庫版のあとがきとさせていただきます。ありがとうございました。

二〇一七年盛夏　SDG

石黒　圭

本書は二〇一〇年七月、筑摩書房から刊行された『「予測」で読解に強くなる！』を改題し、文庫化したものです。

文章予測《ぶんしようよそく》

読解力《どつかいりよく》の鍛《きた》え方《かた》

石黒《いしぐろ》 圭《けい》

平成29年 9月25日　初版発行

発行者●郡司 聡

発行●株式会社KADOKAWA
〒102-8177　東京都千代田区富士見2-13-3
電話 0570-002-301（ナビダイヤル）

角川文庫 20558

印刷所●旭印刷株式会社　製本所●株式会社ビルディング・ブックセンター

表紙画●和田三造

ISBN978-4-04-400330-2　C0180

角川文庫発刊に際して

角川源義

第二次世界大戦の敗北は、軍事力の敗北であった以上に、私たちの若い文化力の敗退であった。私たちの文化が戦争に対して如何に無力であり、単なるあだ花に過ぎなかったかを、私たちは身を以て体験し痛感した。西洋近代文化の摂取にとって、明治以後八十年の歳月は決して短かすぎたとは言えない。にもかかわらず、近代文化の伝統を確立し、自由な批判と柔軟な良識に富む文化層として自らを形成することに私たちは失敗して来た。そしてこれは、各層への文化の普及滲透を任務とする出版人の責任でもあった。

一九四五年以来、私たちは再び振出しに戻り、第一歩から踏み出すことを余儀なくされた。これは大きな不幸ではあるが、反面、これまでの混沌・未熟・歪曲の中にあった我が国の文化に秩序と確たる基礎を齎らすためには絶好の機会でもある。角川書店は、このような祖国の文化的危機にあたり、微力をも顧みず再建の礎石たるべき抱負と決意とをもって出発したが、ここに創立以来の念願を果すべく角川文庫を発刊する。これまで刊行されたあらゆる全集叢書文庫類の長所と短所とを検討し、古今東西の不朽の典籍を、良心的編集のもとに、廉価に、そして書架にふさわしい美本として、多くのひとびとに提供しようとする。しかし私たちは徒らに百科全書的な知識のジレッタントを作ることを目的とせず、あくまで祖国の文化に秩序と再建への道を示し、この文庫を角川書店の栄ある事業として、今後永久に継続発展せしめ、学芸と教養との殿堂として大成せんことを期したい。多くの読書子の愛情ある忠言と支持とによって、この希望と抱負とを完遂せしめられんことを願う。

一九四九年五月三日

角川ソフィア文庫ベストセラー

古事記
ビギナーズ・クラシックス 日本の古典
編／角川書店

天皇家の系譜と王権の由来を記した、我が国最古の歴史書。国生み神話や倭建命の英雄譚ほか著名なシーンが、ふりがな付きの原文と現代語訳で味わえる。図版やコラムも豊富に収録。初心者にも最適な入門書。

万葉集
ビギナーズ・クラシックス 日本の古典
編／角川書店

日本最古の歌集から名歌約一四〇首を厳選。恋の歌、家族や友人を想う歌、死を悼む歌。天皇や宮廷歌人をはじめ、名もなき多くの人々が詠んだ素朴で力強い歌の数々を丁寧に解説。万葉人の喜怒哀楽を味わう。

竹取物語（全）
ビギナーズ・クラシックス 日本の古典
編／角川書店

五人の求婚者に難題を出して破滅させ、天皇の求婚にも応じない。月の世界から来た美しいかぐや姫は、じつは悪女だった？ 誰もが読んだことのある日本最古の物語の全貌が、わかりやすく手軽に楽しめる！

蜻蛉日記
ビギナーズ・クラシックス 日本の古典
右大将道綱母
編／角川書店

美貌と和歌の才能に恵まれ、藤原兼家という出世街道まっしぐらな夫をもちながら、蜻蛉のようにはかない自らの身の上を嘆く、二一年間の記録。有名章段を味わいながら、真摯に生きた一女性の真情に迫る。

枕草子
ビギナーズ・クラシックス 日本の古典
清少納言
編／角川書店

一条天皇の中宮定子の後宮を中心とした華やかな宮廷生活の体験を生き生きと綴った王朝文学を代表する珠玉の随筆集から、有名章段をピックアップ。優れた感性と機知に富んだ文章が平易に味わえる一冊。

角川ソフィア文庫ベストセラー

古今和歌集
ビギナーズ・クラシックス　日本の古典

編／中島輝賢

春夏秋冬や恋など、自然や人事を詠んだ歌を中心に編まれた、第一番目の勅撰和歌集。総歌数約一一〇〇首から七〇首を厳選。春といえば桜といった、日本的美意識に多大な影響を与えた平安時代の名歌集を味わう。

伊勢物語
ビギナーズ・クラシックス　日本の古典

編／坂口由美子

雅な和歌とともに語られる「昔男」（在原業平）の一代記。垣間見から始まった初恋、天皇の女御となる女性との恋、白髪の老女との契り——。全一二五段から代表的な短編を選び、注釈やコラムも楽しめる。

土佐日記（全）
ビギナーズ・クラシックス　日本の古典

紀　貫之
編／西山秀人

平安時代の大歌人紀貫之が、任国土佐から京へと戻る旅を、侍女になりすまし仮名文字で綴った紀行文学の名作。天候不順や海賊、亡くした娘への想いなどが、船旅の一行の姿とともに生き生きとよみがえる！

うつほ物語
ビギナーズ・クラシックス　日本の古典

編／室城秀之

異国の不思議な体験や琴の伝授にかかわる奇瑞などの浪漫的要素と、源氏・藤原氏両家の皇位継承をめぐる対立を絡めながら語られる。スケールが大きく全体像が見えにくかった物語を、初めてわかりやすく説く。

和泉式部日記
ビギナーズ・クラシックス　日本の古典

和泉式部
編／川村裕子

為尊親王の死後、弟の敦道親王から和泉式部へ手紙が届き、新たな恋が始まった。恋多き女、和泉式部が秀逸な歌とともに綴った王朝女流日記の傑作。平安時代の愛の苦悩を通して古典を楽しむ恰好の入門書。